Curieux de tout, Fabien Olicard a toujours aimé comprendre les choses, les idées et les gens. Pourvu d'une étonnante mémoire, c'est à l'âge de 8 ans qu'il découvre la magie, ce qui le conduira rapidement vers la psychologie et le mentalisme. Captivant, pédagogue, vif et drôle, il aime transmettre sa passion avec humour. Il est l'auteur de nombreux livres, dont *Votre cerveau est extraordinaire* (2017), *Votre cerveau est définitivement extraordinaire* (2018), *Votre temps est infini* (2019), *Le bonheur est caché dans un coin de votre cerveau* (2020), *L'Antiguide de la manipulation* (2021), *Votre idée va devenir une réalité* (2023), *Votre attention est votre superpouvoir* (2024) et *La Harpe des quatre saisons : Décidez de votre destin* (2024). Son dernier ouvrage, *Ce livre vous fera gagner du temps*, est sorti en 2025. Tous ces livres ont paru aux éditions First et sont repris chez Pocket.

Retrouvez toute l'actualité de l'auteur sur :
www.fabienolicard.fr

ÉGALEMENT CHEZ POCKET

VOTRE CERVEAU EST EXTRAORDINAIRE

VOTRE CERVEAU EST DÉFINITIVEMENT EXTRAORDINAIRE

VOTRE TEMPS EST INIFNI

LE BONHEUR EST CACHÉ DANS UN COIN DE VOTRE CERVEAU

L'ANTIGUIDE DE LA MANIPULATION

VOTRE IDÉE VA DEVENIR UNE RÉALITÉ

VOTRE ATTENTION EST VOTRE SUPERPOUVOIR

En collaboration avec Michel Cymes

MÉMOIRE : VOUS AVEZ LE POUVOIR !

Ce livre cache un secret ! Si vous faites partie de ceux qui achètent un livre mais ne vont pas au bout de la lecture, alors ce livre est vraiment fait pour vous.

Commencez par la première partie et laissez-vous guider ; en 1 heure de temps, et grâce à une mécanique d'écriture spécialement adaptée, vos capacités d'attention en tant que lecteur s'en trouveront déjà améliorées !

FABIEN OLICARD

VOTRE **ATTENTION** EST VOTRE SUPERPOUVOIR

Des outils efficaces pour aider votre cerveau à se focaliser et rester concentré

PRÉFACE DE
BERNARD WERBER

FIRST
ÉDITIONS

Avec l'aide précieuse de Fanny Nahajczuk

ISBN : 978-2-266-35003-7
Dépôt légal : octobre 2025

SOMMAIRE

PRÉFACE

Depuis tout petit, j'ai constaté qu'il m'était impossible de retenir une citation par cœur. À l'école déjà, quand le professeur disait : « Werber, venez au tableau et faites la récitation », je savais que ça allait être une catastrophe, que j'allais avoir une mauvaise note. J'avais l'impression que je n'avais pas le disque dur qui me permettrait de stocker des informations.

Pourtant, à côté de cela, il m'arrivait de me focaliser ou de m'intéresser à quelque chose qui pouvait sembler futile, comme les fourmis. Je suis par exemple resté assis dans un jardin plus d'une heure à observer une fourmilière, là où d'autres se seraient dit : « Tiens, il y a une fourmilière. » C'est la première fois où j'ai eu le sentiment qu'il y avait quelque chose d'étrange qui se passait dans mon esprit.

Avec le temps, j'ai trouvé un début d'explication à mon fonctionnement : il s'agit de mon inconscient. C'est-à-dire que mon conscient pense qu'apprendre une récitation ou retenir des noms de fleuves russes n'est pas indispensable. En revanche, mon inconscient me dit d'observer des fourmis… C'est comme si j'avais un sous-système, mais que ce sous-système était très peu adapté au monde normal. **Mon attention se porte sur des choses sur lesquelles les autres ne se focalisent pas.** Dans le fonctionnement de ma propre concentration, une chose aussi me surprend : quand quelqu'un me raconte une histoire, j'ai tendance à me souvenir de l'histoire, mais pas forcément de la personne qui me l'a racontée…

J'ai observé Fabien Olicard à plusieurs reprises et j'ai été très surpris, alors que nous étions au restaurant et que je m'étais absenté, qu'il n'utilise pas son téléphone pour occuper ce temps. J'ai eu l'impression qu'il était très différent des autres, parce qu'**il était capable d'accepter l'ennui.** Ce jour-là, j'ai pris conscience que mon cerveau avait tout le temps besoin d'être stimulé, que j'avais beaucoup de mal à rester sans rien faire. J'ai par exemple constamment besoin d'être au courant de l'actualité. C'est une addiction. Le matin, dès mon réveil, je mets les informations et je me prends ma dose d'émotions négatives. Je sais que c'est mauvais, mais je suis incapable d'arrêter de le faire.

En m'inspirant du comportement de Fabien, je me suis dit qu'il fallait que j'aménage, dans mes journées, des moments où je n'écoute rien, où je ne m'informe pas des actualités et où je ne joue pas. J'ai commencé par suivre l'une de ses recommandations : j'ai désinstallé mon jeu préféré de mon téléphone. J'étais accro au jeu *Homescape*. Je me suis aperçu que ma dépendance à ce jeu était similaire à celle des fumeurs pour la nicotine. L'effet addictif en était arrivé au point où je me levais la nuit quand je faisais une insomnie afin d'y jouer pendant une heure au lieu d'essayer de me rendormir.

Ce que je trouve très intéressant dans la démarche et dans l'ensemble de l'œuvre de Fabien est qu'il donne de l'espoir : « C'est facile d'utiliser au mieux son propre cerveau. » Cela semble être une phrase anodine, mais j'ai peur que la perte de nos compétences mentales soit le « drame à venir » pour toute l'humanité. Le QI moyen des Français est passé en dessous de 100. Je pense que l'une des raisons pour lesquelles le QI général baisse est que les plus jeunes, habitués au rythme des séries et à celui des jeux, ont besoin d'être stimulés à chaque instant. Ils n'arrivent plus à se concentrer sur des choses qui demandent un effort de concentration. Entendons-nous, les moins jeunes ne sont pas en reste. Je souhaite vraiment que ce livre ait l'impact qui enrayera cette machine infernale.

Fabien est un vrai accompagnateur. J'ai aimé que **ce livre ne laisse pas le lecteur livré à lui-même.** Votre lecture est comme une promenade en forêt. Fabien vous prend la main et vous dit : « Écoute, on va y entrer ensemble, il se peut que tu voies des choses qui ne vont pas te plaire, que tu sois un peu surpris ou que ce soit compliqué d'avancer, mais je suis à côté. Je ne te laisse pas tomber et je te garantis que tu traverseras toute la forêt pour en ressortir plus fort. »

Ce livre peut vous changer. C'est grâce à lui que j'ai pris conscience qu'il n'est pas normal que je scrolle sur mon téléphone pendant que je regarde un film. C'est grâce à lui aussi que j'ai compris que mon sous-système personnel était un atout, mais que je devais protéger mon attention pour qu'il fonctionne.

Vous vivrez vos propres prises de conscience dans la riche conversation qui vous attend maintenant avec Fabien Olicard.

Bernard Werber

AVANT-PROPOS

À l'âge de 8 ans, j'ai assisté à mon premier tour de magie. D'abord en tant que spectateur, et, interloqué par ce que je venais de voir, je suis rapidement passé de l'autre côté du chapeau haut de forme. La même année, au détour d'un vide-greniers, j'ai acquis un ouvrage professionnel sur le sujet, *Cours Magica*, de Robert Veno. J'étais émerveillé par le style d'écriture, poussiéreux à souhait (j'aimais beaucoup que le livre utilise un langage très soutenu comme si j'étais une personne importante). Ce guide faisait preuve d'un sérieux que je n'avais pas soupçonné en le prenant sur la table en Formica du vendeur. L'un des chapitres était dédié à l'art subtil du *mentalisme*. Oh, pas explicitement bien sûr, cette partie s'appelait « Magie mentale », avec en sous-titre : « Il n'y a pas de trucs » !

J'avais l'impression de lire de la véritable sorcellerie. Cette forme de magie sans objets, avec des mots, donnait l'illusion que je pouvais lire dans les pensées de mes futurs cobayes. Le chapitre commençait ainsi : « Demandez à un sujet de réaliser quelques calculs mentaux simples, puis demandez-lui de nommer spontanément, sans attendre et sans réflexion préalable, un outil et une couleur. »

Si vous ne connaissez pas ce tour, faites-le ! Nommez spontanément un outil et une couleur ! Le cerveau détestant le vide, vous avez peut-être pensé spontanément à une réponse en lisant la citation. Ne changez pas l'outil et la couleur que vous avez à l'esprit et lisez la note en bas de cette page[1].

Après quelque temps à étudier ce livre, je pouvais réaliser ce type d'illusions sans aucun matériel. Contrairement à ce que je croyais, le point commun entre les différentes formes de magie n'était pas la dextérité ou l'agilité. C'était l'attention ! C'est en saturant le cerveau (avec des calculs simples ou simplement en faisant lire un texte, comme ici) que l'on empêche le sens critique et le processus attentionnel du cerveau de s'activer.

Les mentalistes – et, par affiliation directe, les magiciens – utilisent l'attention de leur public pour transformer la réalité. Pour que la pièce de monnaie semble disparaître d'une main, alors que les observateurs, pourtant éduqués, savent qu'un objet ne peut pas se volatiliser si facilement. (Je vous préviens, je vais être obligé de vous dévoiler le grand secret de ce tour dans quelques pages…) C'est donc en lisant ce chapitre sur cette magie mentale que j'ai compris que l'attention était la clé de cet art et j'ai pu compenser mon manque d'agilité en tant qu'illusionniste par mon habileté à manipuler la perception d'un public. L'illusion n'existe pas dans les mains du magicien ou dans ce qu'affirme le mentaliste. La véritable magie, l'instant où quelque chose d'impossible vient d'avoir lieu, n'existe que dans le cerveau du spectateur ! Dans l'esprit de celui qui observe un tour, mais qui décide malgré lui de conclure que l'impossible vient de se réaliser !

Je travaille depuis presque quinze ans sur scène, avec mon étiquette de mentaliste. Ma matière première est *l'attention* du public. J'ai

1. Si vous pensez actuellement à un **marteau rouge**, vous faites partie d'une grande majorité ! J'aurais pu organiser une révélation bluffante en simulant que je devinais ce à quoi vous pensiez (car si vous pensiez effectivement à cet outil et à cette couleur, vous devez être un minimum surpris). Pour être un peu plus exhaustif, sachez que tournevis et/ou bleu reviennent avec une fréquence non négligeable. Par contre, si vous pensiez à une scie sauteuse violette… je suis désolé, mais je ne peux plus rien faire pour vous !

besoin de celle de mes spectateurs pour qu'ils puissent suivre ce que je vais faire, mais j'en ai aussi besoin pour pouvoir la manipuler (en tout bien, tout honneur). C'est un contrat tacite qui lie l'artiste aux personnes qui assistent à sa prestation. Vous avez probablement déjà entendu parler du « détournement d'attention ». Cette technique, dont le nom explicite est connu du grand public, n'empêche pas les magiciens de s'en servir (enfin, en quelque sorte, vous comprendrez pourquoi tout à l'heure). Mais pour détourner l'attention… encore faut-il qu'elle soit présente ! CQFD.

Au fil des années, j'ai vu cette précieuse compétence, celle de dédier son énergie mentale à se focaliser sur une tâche, se réduire comme une flaque d'eau sous le soleil. Si vous observez continuellement une flaque, vous ne verrez pas l'eau s'évaporer. Mais si vous jetez un coup d'œil toutes les dix minutes, vous vous rendrez compte que la surface de la flaque diminue jusqu'à n'être qu'une simple goutte. En observant mes notes prises depuis des années, je peux voir comment j'ai adapté mes spectacles à ce changement. J'ai également adapté l'écriture de mes vidéos sur Internet ainsi que la manière dont je conçois l'écriture de mes livres.

Mon premier ouvrage[2] ressemble dans sa forme au *Manuel des Castors juniors pour le cerveau* : ce n'est pas dû au hasard ou à un manque de motivation de ma part. J'avais compris que ce premier livre serait probablement lu principalement par des personnes aimant mon travail sur scène ou en vidéo, mais que ce public ne lisait peut-être pas souvent des livres. J'en avais déduit que si mes lecteurs abandonnaient trop vite leur lecture, j'aurais fait ça pour rien… sauf pour la gloire d'avoir un titre en librairie (ce qui est déjà très émouvant, je vous l'accorde). J'ai adapté la forme et le style de mes textes pour amener les personnes qui me font confiance à pouvoir lire sans effort.

2. *Votre cerveau est extraordinaire*, éditions First, 2017 ; Pocket, 2018.

En 1973, Daniel Kahneman (et d'autres psychologues ou économistes avant lui) parlait déjà de ce qui est devenu une expression courante : l'économie de l'attention.

En 1996, j'ai découvert le travail d'Herbert Simon, un économiste et sociologue américain. Il quantifiait l'exposition des sociétés à l'information. Pas aux nouvelles du journal télévisé, mais à l'information au sens large : les données qui nous informent que le Black Friday arrive bientôt, que notre ami Michel est en train de manger un plat très coloré qu'il vient de prendre en photo, ou qu'il nous reste deux minutes pour prendre le bonus quotidien de notre jeu.

En 2004, le président-directeur général du groupe TF1 Patrick Le Lay disait sans aucune gêne : « Ce que nous vendons à Coca-Cola, c'est du temps de cerveau humain disponible. »

En 2017, le compte officiel sur X (anciennement Twitter) de Netflix publiait : « Notre pire ennemi, c'est le sommeil. »

L'attention est devenue le pilier d'un commerce, un enjeu économique et sociétal.

Je ne pense pas qu'il y ait un unique responsable à cette dérive. J'imagine mal une sorte de Charles Montgomery Burns qui, comme dans *Les Simpsons*, mettrait en place son plan diabolique. Il faut plutôt s'intéresser à pourquoi Homer Simpson n'arrive pas à se concentrer plus de quelques secondes sans voir un automate de singe claquant des cymbales occuper son esprit.

La société s'autorégule, progresse sur des chemins qu'elle trace dans un élan collectif (que la route soit la bonne ou la mauvaise). Si l'attention humaine s'est dégradée, nous n'en sommes pas responsables individuellement… Mais nous en sommes responsables collectivement. Cette dégradation de l'attention est un danger quand on comprend que c'est la clé de beaucoup de nos compétences, de notre motivation, de notre mémoire, de notre réflexion. Je vais être transparent : **je suis très inquiet quand je vois cette faculté s'atrophier.**

La bonne nouvelle, c'est que la pente sur laquelle nous glissons n'est qu'un mirage. Il suffit presque d'en prendre conscience pour que le sol redevienne plus plat et plus ferme sous nos pieds ! Nous pouvons déjouer les pièges du quotidien, sans nous priver de nos divertissements, pour reprendre le pouvoir sur notre attention. Elle s'adapte mais reste présente, plus ou moins enfermée dans une boîte qui ne demande qu'à être ouverte ! Il y a des pièges à éviter, mais globalement, ça n'est pas compliqué de la sauver. L'autre bonne nouvelle dans ce tableau un peu sombre est que rien n'est irréversible (pour les personnes atteintes de troubles cognitifs, cela demande évidemment d'autres procédés).

Dans ce livre, je souhaite vous amener à tester votre attention, à comprendre son fonctionnement pour pouvoir l'apprivoiser de nouveau. Je veux vous transmettre des outils simples visant à l'améliorer durablement. Je vous ferai part des enjeux de l'attention dans votre vie et dans la société. Je serai parfois dur à l'égard de ceux qui, non contents de monétiser notre intérêt, se fichent des conséquences sur nos vies à long terme.

J'écris pour vous, pour moi, pour sonner une alarme, mais aussi pour montrer à tout le monde que l'extincteur est à portée de main ! Ne laissons personne jouer avec ce trésor en dehors du cadre d'un spectacle d'illusion…

Restons attentifs !

Fabien Olicard

AU COMMENCEMENT

Ceci n'est pas une préface.

La phrase n'est pas une référence à Magritte et sa pipe qui n'en est pas une. Je vous précise que ceci n'est pas une préface pour mieux capter votre attention et augmenter les chances que vous lisiez ce préambule. D'ailleurs, avez-vous vraiment lu les préfaces qui ouvraient ce livre ?

L'attention est le résultat de mécanismes mentaux qui, en fonction de votre expérience, vont décider d'attribuer ou non des ressources cérébrales à une tâche. Le processus est automatique, il dirige seul la majorité du temps votre attention sur le monde qui vous entoure, pour vous éviter de prendre des décisions conscientes à chaque instant (ça serait épuisant mentalement !). Votre cerveau crée des automatismes de pensées au fil de votre vie. Il analyse ce que vous vivez et met en place des raccourcis pour gagner du temps et de l'énergie la prochaine fois qu'une situation analogue se présentera.

Une préface qui n'apporte rien au livre que je lis ? Je passe. Le générique d'une série ? J'appuie sur le bouton « Passer ». Le discours annuel du directeur de ma société ? Je vais me mettre au fond de la salle pour regarder en même temps ce qu'il se passe sur Instagram.

Pour que vous soyez attentif aux 48 000 mots qu'il vous reste à lire, il faut que je donne du sens, du rythme, que je titille votre curiosité. Il faut que je construise un texte où les passages sérieux arrivent après un enchaînement digeste et divertissant. Que je rende votre lecture captivante en y mettant du suspense. Ce qui tombe à point nommé puisque j'ai justement une histoire à vous raconter.

> Le 4 juin 2023, j'ai publié sur YouTube une vidéo ayant pour titre « Pourquoi TikTok a (déjà) détruit votre futur ». Oh, pas sur ma « grosse » chaîne aux deux millions d'abonnés, mais sur une petite chaîne annexe où je publie de manière irrégulière. Bien que ce compte secondaire ne réunisse « que » 150 000 abonnés, la vidéo va vite me glisser des mains et réaliser le score insensé de 950 000 visionnages ! Mais le moment où l'histoire commence à être vraiment surprenante, c'est quand j'ai analysé les commentaires de la vidéo : la moitié d'entre eux me « confirmaient » que TikTok serait bien « l'antre du diable » et que la vidéo avait bien raison de dénoncer cette plate-forme « ridicule » et « inutile ». Le reste des interventions était là au mieux pour contredire, au pire pour m'insulter, sous prétexte que je ne connaissais rien à TikTok, que je n'étais qu'un boomer de plus qui refusait le progrès qu'apporte cette application. J'étais donc soit un génie, soit un débile, mais personne n'arrivait vraiment à trancher sur ce point.

De mon côté, je crois que les deux camps se trompaient ! Mais avant de vous expliquer pourquoi, revenons sur le titre de la vidéo. J'assume son aspect volontairement aguicheur. J'ai moi-même envie de cliquer sur cette vidéo pour savoir ce qu'elle raconte.

Comme pour un livre dont la couverture doit attirer votre regard dans la librairie, le titre d'une vidéo doit capter votre œil et vous donner envie d'en savoir plus. Mais il suffit de regarder ma vidéo pour comprendre que le sujet de TikTok n'est qu'un tremplin pour développer un propos plus large, celui de l'attention, et que je ne charge pas l'application de tous les maux. Je ne la défends pas non plus ! TikTok n'est qu'un support à ce que j'ai à dire. J'aurais pu en choisir un autre, mais j'ai préféré celui à la mode pour que l'audience s'y intéresse plus.

Je ne recommande pas de boycotter ce réseau comme le pense le premier camp et, contrairement à ce que pense l'autre camp, je n'y suis pas étranger puisque j'y rassemble plus d'un million d'abonnés sur mon compte personnel.

Quand j'ai constaté qu'une vidéo qui aborde le sujet de l'attention a généré 2 000 commentaires faisant preuve d'un survol manifeste de ce qu'elle raconte, je me suis posé la question de la rédaction de ce livre.

Attendez.

Revenons encore un peu en arrière, juste avant que je décide d'écrire la vidéo en question. (Ne vous inquiétez pas du fil de notre conversation, tout sera bouclé et cohérent à la fin du chapitre… Comme j'en vois qui se posent la question, je préfère vous rassurer.)

> Quelques mois avant la publication de la vidéo, j'ai eu un certain nombre de rendez-vous médicaux au cours desquels je me suis amusé dans la salle d'attente : je voulais savoir en combien de temps un patient allait sortir son téléphone et, si possible, je voulais également savoir ce que la personne allait faire ensuite, une fois l'écran déverrouillé.

Sur un échantillon réduit à une centaine de personnes chez trois praticiens différents, j'ai pu noter qu'il fallait moins de cinq secondes, sur 92 % des adultes, pour que le précieux téléphone soit dégainé une fois la personne assise dans la salle d'attente. Là où j'ai dû paraître étrange, c'est quand j'essayais, dans la mesure du possible, de voir ce qu'ils faisaient en premier (une fois le téléphone déverrouillé). Imaginez la scène : vous sortez votre téléphone, et le patient de l'autre côté de la pièce (on s'assoit toujours à l'opposé de la personne déjà présente, chacun son territoire) se lève pour faire les cent pas. Vous relevez les yeux en sentant qu'il est proche de vous… et vous le voyez regarder votre écran sans sourciller !

J'ai vécu des moments gênants, mais j'ai trouvé ce que je cherchais ! Dans la grande majorité des cas où j'ai pu lorgner sans passer pour quelqu'un de curieux de lire les messages des autres, les patients cherchaient quelles applications ils allaient utiliser, ou bien ils passaient frénétiquement d'une application à une autre (toujours les mêmes, dans une sorte de boucle infernale) pour voir si une notification salvatrice était apparue. En conclusion, nous sortons nos écrans tactiles par réflexe, avant même de ressentir le moindre symptôme d'ennui. L'utilisation du téléphone précède l'intention même d'y faire quelque chose de précis.

J'en profite pour vous présenter mes excuses si vous m'avez croisé en train de regarder par-dessus votre épaule dans une salle d'attente ou dans le métro – puisque j'ai réitéré l'expérience dans les sous-sols parisiens. Moins de personnes y sortent leur téléphone. Ce qui peut être surprenant de prime abord s'explique par l'habitude de ce mode de transport. Certains dorment, d'autres ont prévu un livre, un magazine ou un journal à feuilleter. Beaucoup s'organisent en amont pour ce trajet quotidien (contrairement aux rendez-vous médicaux qui sont habituellement exceptionnels). En revanche, j'ai été surpris de voir dans le métro des personnes qui actualisaient en vain leurs e-mails, leurs réseaux sociaux ou une page Internet. Visiblement personne ne capte de réseau, mais le cerveau, habitué à déléguer son attention à cette extension de nos cinq doigts, préfère fixer une barre de chargement immobile plutôt que de se résigner à faire autre chose.

Merci à mon ophtalmo, ma parodontiste, ma dentiste et aux usagers de la ligne 3 pour cette expérimentation…

Passionnant, n'est-ce pas ? D'ailleurs, une étude réalisée par Atlas VPN démontre qu'une personne lambda passe en moyenne 2 heures et 24 minutes par jour sur les réseaux sociaux. Soit 876 heures par an. En le traduisant en **journées**, ce temps passé se monte à 36,5 jours par an !

Si on analyse davantage ces informations, on peut également raisonner en termes de **temps actif**. Chaque jour, nous dormons en moyenne 8 heures, ce qui nous laisse 16 heures de temps actif et disponible (et encore ! Je suis assez sympa en laissant les temps d'hygiène et de repas dans ce temps de disponibilité). En temps actif, une personne passe en moyenne plus de 54 jours par an sur ses réseaux sociaux, ce qui représente presque deux mois ! Peut-être pas vous puisqu'il ne s'agit que d'une moyenne, mais il est fort probable que vous connaissiez des personnes qui sont bien au-delà de ces 54 jours.

Il est temps pour moi de raccrocher les wagons de mon histoire, et vous comprenez donc ce qui a fourni la matière première à ma vidéo de 2023, et qui m'a donné l'impulsion pour l'écriture de cet ouvrage. Si les adultes sont touchés, les plus jeunes vont subir des conséquences encore pires dans quelques années. Une répercussion qui va au-delà de la possibilité d'être attentif ou non. C'est à l'adolescence et en tant que jeune adulte que nous rêvons notre futur, que nous tentons des choses, que nous nous confrontons à nos premiers échecs et à nos premières réussites. L'attention est notre meilleure alliée pour nous nourrir du monde qui nous entoure, pour accumuler de l'expérience et pour laisser à la motivation sa place de moteur. Comment faire quand cette attention est malmenée au point que nous n'arrivions même plus à regarder un film à la télévision sans traînasser en même temps sur notre téléphone ? Cette phrase vous fait-elle penser à quelqu'un que vous connaissez ? **Il faut toujours plus de sollicitations pour stimuler notre cerveau. C'en est devenu une addiction.**

Rappelez-vous le fil rouge de ce chapitre que je persiste à répéter : ceci n'est pas une préface. C'est un petit manifeste. L'attention est aujourd'hui un véritable enjeu. En perdant des points de cette faculté, le cerveau perd son pouvoir et sa capacité à mobiliser les ressources cognitives correctement (n'ayez pas peur du mot « cognitif », je vous l'expliquerai en temps voulu). Sans motivation, un être humain ne peut pas s'accomplir. Dès lors, un pont vers un possible épisode dépressif se construit de lui-même. C'est aussi un manifeste, car l'attention est également un enjeu de santé mentale. Cette faculté devrait être enseignée dès l'école primaire. Elle est le socle de la mémoire, de la réflexion, de la relation sociale et plus encore. La comprendre et savoir en prendre soin, c'est aussi refuser de laisser ceux qui l'ont étudiée en faire un commerce au mépris des conséquences.

Nous sommes responsables de ce que nous faisons de notre attention et de celle des autres ! Ce week-end j'ai assisté au discours du dirigeant d'une société, lors d'une soirée qui se voulait festive… Le discours sur un prompteur était morne, sans vie, sans relief. Sa lecture était soporifique et tristement attendue. Est-ce vraiment de la faute des trois cents collaborateurs présents si tout le monde a décroché du discours, passant ainsi à côté du message que voulait délivrer leur boss ? Non. Nous devons aussi nous adapter à la norme attentionnelle actuelle sans la juger (comme j'essaie de le faire depuis le début de ce texte, même cet aparté entre parenthèses m'aide à stimuler votre intérêt).

Nous sommes tous responsables de l'Attention avec un grand A. Utilisez ce livre pour vous-même, pour votre entourage, pour capter l'attention des autres, mais aussi pour brusquer un système qui malmène nos ressources cérébrales…

« L'attention est le plus précieux des cadeaux. »

Lao Tseu – philosophe

LES BASES EN 60 MINUTES

Plus vite. Toujours plus vite, toujours plus haut, toujours plus… dense ! Vous avez cru que j'allais lancer le slogan de *Fort Boyard*, mais je ne me voyais pas vous donner une énigme du Père Fouras (quoique, maintenant qu'on en parle…).

Je vais plutôt vous présenter le directeur de votre attention, installé dans son siège social : **le cerveau.** Cette première partie est une initiation au sujet, pour vous garder en alerte et vous donner envie d'en savoir plus ! Je vais vous fournir les bases nécessaires pour comprendre ce qui se passe dans vos neurones, et il sera temps d'approfondir certaines connaissances plus tard (principalement dans la troisième partie). Pour vous aider à rester vigilant, sachez que vous mettrez précisément une heure pour lire cette première partie (à une vache près, ça dépend quand même de votre vitesse de lecture).

Vérifiez que vous avez cette heure devant vous, buvez un verre d'eau pour ne pas avoir à vous lever pendant que vous tournerez les pages, faites en sorte de n'avoir ni trop chaud ni trop froid. Pour finir, installez-vous confortablement, coupez les notifications de votre téléphone (le mode avion fera l'affaire) et restons entre nous pendant un tour de cadran.

Attendez ! J'en vois qui sont déçus depuis que j'ai dit qu'il n'y aurait pas d'énigmes à résoudre. Vous n'allez pas m'obliger à me mettre une fausse barbe blanche et à monter en haut d'une vigie au large de la Charente-Maritime ! Si ? Alors soit ! Voici une énigme sur laquelle nous reviendrons tout à l'heure :

L'ÉNIGME DE LA ROULETTE

Dans cette énigme, vous êtes le héros d'un film de gangsters. Vous vous retrouvez à devoir jouer à la roulette russe avec l'un des malfaiteurs (en réalité, vous êtes en infiltration pour l'arrêter). Ce jeu dangereux se pratique avec un revolver muni d'un barillet à six coups et d'une cartouche.

Le malfaiteur ouvre le pistolet, enlève toutes les cartouches, puis en insère une seule dedans. Il fait tourner le barillet et le bloque sans que personne ne puisse savoir dans laquelle des six chambres se trouve l'unique cartouche. Il vous dit que vous allez tirer à tour de rôle sur une bouteille au fond de la pièce. Celui qui fera exploser la bouteille aura perdu...

Je n'ai pas vu le film dont vous êtes l'acteur principal, mais je crois qu'il vaut mieux ne pas perdre ! Le malfaiteur tire et... aucune balle ne sort. Il est tombé sur l'une des chambres vides du revolver.

Il vous donne l'arme et vous laisse le choix de faire tourner ou non le barillet avant de tirer à votre tour.

Voici la question : Allez-vous faire tourner le barillet avant de tirer ou pas ? Et pourquoi ?

LE CERVEAU, SIÈGE DE L'ATTENTION

Prenons le chemin le plus direct vers votre cerveau.

Nous y sommes (le trajet est rapide). Je vous souhaite la bienvenue dans cette masse renfermant des milliards de neurones ! Ne faites pas attention à la décoration, c'est un modèle de série. Ce qui se trouve à l'intérieur est néanmoins unique : après tout, c'est votre organe personnel.

Explorons ce vaste domaine pour trouver le siège de l'attention. Oui, l'attention existe en tant que telle et, si nous avons la prétention de reprendre les commandes, il faudrait savoir où se niche cette fragile capacité. Sauf que l'on va vite tourner en rond si nous n'emportons pas la carte cérébrale. Laissez-moi voir… Ah ! manque de pot, l'attention n'est pas liée à une région précise du cerveau. C'est au contraire un maillage et une communication entre diverses aires cérébrales. Cet ensemble va décider ce sur quoi vous allez vous focaliser et comment vous allez maintenir votre effort.

Si plusieurs zones du cerveau sont impliquées, l'une des plus importantes est celle qui réceptionne tout ce qui vient de l'extérieur ! Toutes les informations sensorielles arrivent dans le cerveau au niveau de la « formation réticulée ». Ce n'est ni un jeu de mots, ni une contrepèterie ratée. C'est une structure nerveuse du tronc cérébral. Il est logique que le secteur qui reçoit tout ce qui provient du monde qui vous entoure soit en partie responsable de l'attention. C'est d'autant plus logique que c'est également cette partie du cerveau qui gère votre éveil. Ne dit-on pas d'une personne qui n'est pas attentive qu'elle « rêve » ou qu'elle est « endormie » ?

Sans jouer au médecin[3], les études scientifiques montrent que l'attention utilise des aires communes avec des domaines que nous attribuons instinctivement à l'attention : la perception, la mémoire, l'écoute active, etc. **L'esprit se nourrit de ce qui lui semble nouveau et/ou utile.** Eh oui, quand vous n'écoutez pas l'anecdote de travail que raconte la personne qui partage votre vie, c'est parce que inconsciemment vous avez décidé que cette histoire ne vous serait pas utile.

Mais comment diable fait votre cerveau pour savoir ce qui est utile ou nouveau ? D'abord il capte l'information, ensuite il la compare avec ce qu'il a en stock dans vos différentes mémoires. S'il ne trouve rien de similaire : bingo ! c'est nouveau. Il va peut-être dédier un peu d'énergie à cette nouveauté. Si l'anecdote de votre

3. Je prends un instant pour vous préciser que je n'ai suivi aucun cursus universitaire dans le domaine des sciences cognitives ou de la médecine, ce qui ne m'empêche pas de faire preuve de rigueur dans mes recherches et dans mes écrits en m'appuyant sur les publications récentes des experts reconnus et sur de solides consensus scientifiques.

moitié concerne encore l'une des bourdes quotidiennes de Gérard à la compta, il y a peu de chances qu'il prenne ça pour un scoop digne d'intérêt. Pendant la comparaison avec vos souvenirs, votre mental évalue également la possibilité que cette information puisse vous être utile et, si c'est le cas, double bingo ! À vous le gros lot, vous pouvez débloquer une réelle concentration.

Votre attention se niche un peu partout, elle agit aussi sur la vigilance, la concentration, l'éveil, etc. Elle implique vos perceptions, mais elle n'est pas étrangère à votre capacité d'analyse, de raisonnement, à vos capacités de calcul ou de langage, etc. Nous aurons l'occasion de détailler ce qu'on appelle les « fonctions cognitives ». Pour le moment, traçons uniquement des contours pour cerner la silhouette de l'attention.

Voyez cette capacité comme un champ labouré. Vous pouvez planter des graines qui se nourriront de cette terre, mais elles auront besoin d'autres éléments indirects pour grandir (tels que la pluie ou le soleil) et pour finalement produire les plantes que vous souhaitiez récolter. Terminé. La métaphore du champ s'arrête là. Si dans la vie vous laissiez un champ à l'abandon, vous vous rendriez vite compte que rien d'utile ne pousse et que vous n'auriez plus rien à manger. **Avec l'attention, il est quasiment impossible de comprendre de quoi on se prive lorsqu'elle ne remplit pas son rôle de manière optimale.** Comme si vous n'aviez jamais goûté au chocolat de votre vie, vous ne pourriez pas vraiment savoir à côté de quelle saveur vous passez.

En un certain sens, **votre attention fonctionne comme elle *doit* fonctionner.** Si un champ ne donne pas de légumes, il n'en reste pas moins fertile pour les mauvaises herbes qui occupent la terre disponible (comme quoi, la métaphore n'était pas terminée).

ATTENTION AUX CIRCONSTANCES ET À L'ENVIRONNEMENT

Le bla-bla, c'est sympa, mais expérimenter son attention, c'est quand même plus excitant ! À plusieurs reprises dans cette partie, je vais vous demander de jouer le jeu mentalement ou de faire des tests. Certains seront faisables immédiatement et d'autres pourront être faits plus tard. Il n'y a rien à perdre et, surtout, il y a un moment divertissant, mais aussi instructif, à vivre.

Je vous donne une clé pour comprendre les chapitres de cette partie : si le chapitre commence par le mot « attention », alors c'est un chapitre interactif. Si le titre se termine par le mot « attention », alors c'est un chapitre un peu plus théorique (comme le précédent).

J'aurais bien aimé avoir inventé une série de tests permettant d'avoir une vision exhaustive de votre attention (croyez-moi, si de tels tests existaient et pouvaient être réalisés en quelques secondes, les neuropsychologues érigeraient une statue à mon effigie, en tout cas je le réclamerais).

Il existe différentes formes d'attention, en fonction de ce que l'on fait. De fait, il existe des tests pour ces différents usages.

Par exemple, il existe des tests pour connaître l'état de « vigilance active » d'une personne. La vigilance est une forme particulière de l'attention, on l'appelle aussi « attention soutenue ».

L'exercice consiste à placer des personnes devant un écran de bonne taille. Lorsqu'une cible apparaît sur l'écran, les personnes doivent l'identifier le plus rapidement possible en appuyant sur un bouton. La cible peut ressembler à une vraie cible (comme celles utilisées au tir à l'arc), ou à quelque chose de plus subtil (comme une personne avec un pull rouge qui apparaît dans une foule de piétons qui traversent une rue).

Je vous entends d'ici : « Ça paraît simple à faire », et vous avez raison, c'est réellement très simple ! Il n'y a aucune difficulté à identifier les cibles. Ce qui est réellement mesuré est le temps de réaction entre **l'apparition de la cible** à l'écran et **son identification** en appuyant sur un bouton. Le temps de réaction augmente proportionnellement avec la durée d'attente entre chaque cible. Moins les cibles apparaissent fréquemment, plus les personnes mettront de temps à appuyer sur le bouton après avoir détecté une cible.

Ce test simule précisément ce que va vivre un gardien de nuit derrière son comptoir, une surveillante de baignade en haut de son perchoir ou encore une contrôleuse aérienne qui regarde son radar depuis la tour de contrôle. Ces professions impliquent, pour les employés, de rester concentrés sur une **absence de cible** et d'être **hyper-réactifs** pour détecter le moindre problème (et y réagir).

Les circonstances jouent un rôle dans notre façon de nous concentrer, et de ce point de vue, nous nous connaissons mal. Et puis d'abord, c'est la faute des adultes ! Lorsque nous étions enfants, on nous a appris que pour travailler cérébralement, il fallait se mettre derrière un bureau ou un pupitre, être assis, et surtout ne pas faire de bruit ! Cette mise en scène était sûrement très pratique pour garder le calme d'une classe de trente élèves, mais **nos conditions idéales de concentration ne sont pas universelles. Nous sommes des êtres humains : tous identiques et tous différents à la fois.**

Poursuivons en faisant référence à mon propre exemple (parce que figurez-vous que je suis très bien renseigné sur moi-même). En ce moment je suis en train d'écrire ce livre et je suis assis sur une table de cuisine, avec le bruit des travaux de mon voisin dans son jardin et le double album *live* de Matthieu Chedid dans mes oreilles. Je n'ai pas favorisé cet environnement par hasard, je me connais et je sais que ce sont mes conditions de concentration idéales (dans le cadre de l'écriture d'un livre de non-fiction). Ce ne sont peut-être pas vos conditions idéales, mais ça n'est pas un problème.

Les circonstances les plus favorables et le meilleur environnement dépendent de vous et de la tâche que vous souhaitez accomplir.

> Pour connaître vos conditions idéales lorsque vous voulez effectuer une tâche importante (qui vous demande un peu de temps et d'effort), vous devez faire une série d'expérimentations et noter ce qui vous convient le mieux lorsque vous devez travailler 20 à 30 minutes en étant focus sur votre ordinateur ou sur des révisions pour vos examens par exemple.

Je vous ai prémâché le travail, vous n'avez plus qu'à vous plonger dans vos souvenirs (ou à tester un peu plus tard, dans ce cas vous reviendrez noter vos résultats sur les pages).

VOTRE ENVIRONNEMENT IDÉAL

Appliquez une note entre 0 et 5 aux situations que je vous propose, en fonction de la qualité de votre attention dans les conditions suivantes. La qualité correspond à votre capacité à maintenir votre attention longtemps et à l'effort que ça vous demande.

- Dans une ambiance calme ou silencieuse, mon degré de concentration est de : ....
- Dans une ambiance bruyante (comme un bar ou une rue animée), mon degré de concentration est de : ....
- Dans une ambiance musicale avec des paroles (un texte chanté par exemple), mon degré de concentration est de : ....

- Dans une ambiance musicale sans paroles (un instrumental ou les bruits de la nature par exemple), mon degré de concentration est de : ....

- En me retrouvant seul dans un endroit, mon degré de concentration est de : ....

- En me retrouvant seul avec une deuxième personne à proximité qui vaque à ses occupations, mon degré de concentration est de : ....

- En me retrouvant seul mais au sein d'un groupe de personnes qui s'activent (par exemple à la terrasse d'un café), mon degré de concentration est de : ....

- En étant assis pour effectuer ma tâche, mon degré de concentration est de : ....

- En étant debout pour effectuer ma tâche, mon degré de concentration est de : ....

- En étant en mouvement pour effectuer ma tâche, mon degré de concentration est de : ....

Si vous avez testé ces dix variables, c'est déjà un grand pas dans la connaissance de vos capacités. Vous pouvez aussi rajouter des conditions que je n'aurais pas citées (le moment de la journée optimal ou ce que vous avez mangé au repas précédent par exemple).

Vous pouvez dès à présent entourer avec un crayon les conditions d'ambiance sonore, de présence humaine et de posture physique qui vous conviennent le mieux... pour passer à la deuxième étape : la réalité.

Vous venez de répondre aux variables selon ce que vous pensez, il est nécessaire de faire des tests en conditions réelles et de donner une nouvelle note à chaque variable. Vous pourrez ensuite comparer vos résultats, les notes déclaratives et les notes réelles, pour constater les potentielles différences.

C'est de cette façon que j'ai compris que, pour écrire un livre, il me fallait être seul ou au milieu d'un groupe autonome, avec une ambiance bruyante ou musicale (avec des paroles), en étant assis, mais avec une pause régulière pour marcher.

J'ai fait exactement le même test que celui que je vous propose, et le fait de me comprendre m'a permis de passer d'une capacité d'écriture de seulement deux heures par jour à une (longue) journée entière ! Et sans être épuisé à la fin de ma journée. Sachez que je ne suis pas meilleur que vous, j'ai juste fait assez d'introspection pour me connaître et suivre ce qui me convient (même ce qui ne semble pas être logique de prime abord). Je sais que la majorité d'entre vous ne feront pas ce test (même ceux qui pensent le faire plus tard). Il demande du temps et une certaine implication. Sur le pourcentage de personnes qui répondront aux précédentes questions, une partie seulement exploitera les résultats pour les appliquer. En disant cela, je ne veux culpabiliser personne, mais je veux souligner qu'il est très dur d'utiliser des astuces quand elles paraissent trop simples. Votre esprit critique confond « facile » et « peu efficace ». Je vais sembler insistant, mais **la connaissance de vos besoins environnementaux est l'alliée la plus fiable pour faire de vous des marathoniens de l'attention**.

> Un dernier conseil important : vous pouvez utiliser ce test (en entier ou juste une partie) pour chaque situation différente demandant une attention un peu soutenue. Vos conditions idéales peuvent varier en fonction de la tâche pour laquelle vous souhaitez être concentré. N'oubliez pas ce principe de base : *l'attention est vivante*.

En parlant de ne pas oublier…

LA MÉMOIRE ET L'ATTENTION

Vous vous souvenez ? Le mot « attention » est à la fin du titre, donc nous abordons une partie plus théorique (ne craignez pas ce mot).

L'attention est aussi la porte d'entrée de votre mémoire avec les émotions. Disons que si les émotions s'activent, elles vont courir vers l'attention pour lui dire qu'il se passe quelque chose d'important… Tentons une mise en situation.

> Vous êtes assis dans une classe, c'est le cours d'histoire-géographie ! La leçon du jour est orientée « géographie » et porte sur les pays du Moyen-Orient. Le professeur parle de la capitale des pays qui composent cette région du monde. Vous n'êtes pas passionné par ce qu'il se passe, mais vous êtes le genre d'élève à écouter poliment. Cependant, à cause de votre manque d'engouement, votre cerveau entame une conversation silencieuse avec lui-même et il se dit : « Puisque mon humain ne prête aucune attention à Nicosie, pourquoi j'encombrerais notre mémoire en y stockant l'information disant que Nicosie est la capitale de Chypre ? » Il n'a pas tort, c'est un bon gestionnaire de ressources.

Votre esprit possède un rayon lumineux qui éclaire dans la direction de ce qui semble vous intéresser ou être digne d'intérêt, quelle qu'en soit la raison.

> Dans votre cours, il y a un élève qui a redoublé de nombreuses fois. Pour tout vous dire, cet élève a 97 ans ! Ne me demandez pas comment il a fait pour redoubler autant,

le fait est qu'il est assis à côté de vous et que son grand âge a altéré la qualité de son audition. Au moment où votre professeur dit : « Nicosie est la capitale de Chypre », votre camarade un peu dur de la feuille se redresse et dit : « Comment ça, Nicolas Sarkozy ? avec une fringale de chips ? » Vous riez en lui expliquant que ça n'est pas Sarkozy, mais Nicosie, qu'il n'y a pas de fringale, mais que c'est une capitale et que personne ne mange de chips, mais que l'on parle de Chypre. Le temps de ce fou rire, votre attention va être stimulée par la nouveauté inattendue (et incongrue) de la situation. Il y a fort à parier que vous retiendrez ensuite longtemps que Nicosie est la capitale de Chypre (et que vous raconterez l'anecdote à chaque fois que quelqu'un parlera de Nicolas Sarkozy).

Lorsqu'on lit la littérature en psychologie cognitive, on découvre que la mémoire et l'attention ont longtemps été traitées séparément. Ça n'est plus le cas aujourd'hui. La mémorisation est une formule simple qui se décompose en cinq étapes.

Tout d'abord **le cerveau va percevoir de l'information, il va commencer à l'encoder puis à traiter cette donnée.** Si je vous dis que je m'appelle Olicard, votre esprit va encoder les sonorités, retenir mon visage et découper l'ensemble en plein de petits morceaux pour les associer à des données déjà présentes dans la mémoire.

Ensuite, **le cerveau va stocker cette information** dans le bon tiroir, en l'occurrence celui de la mémoire sémantique. La dernière étape est celle de la **récupération**, notre capacité à ouvrir le bon tiroir pour ressortir l'information dont nous avions besoin. « Comment il s'appelle, lui, déjà ? Attends ? Olivier ? Non, ce n'est pas ça ! Son nom me fait penser au pastis et au truc des coordinations… Mais-ou-et-donc-or-ni-car. Voilà, c'est ça ! c'est Ornicar, son nom ! » Bon, bah là, c'est un peu raté, il manque une répétition de l'information pour rectifier et consolider la bonne information dans la mémoire. Ce qu'on appelle communément une « révision ».

> Fin de la récréation, le cours d'histoire-géographie se poursuit. Le professeur vous regarde et vous dit : « Marignan ? » Il attend une réponse en retour. Un tiroir s'ouvre dans votre mémoire et vous trouvez « 1515 » dedans. Ouf ! Vous avez presque envie de le crier tellement vous êtes sûr de vous ! Mais quand le professeur vous demande de lui rappeler qui faisait la guerre à qui dans cette bataille, ainsi que les raisons de ce conflit, d'un coup vos tiroirs semblent bien vides (si c'est vraiment le cas, dites-vous que c'est la même chose pour la plupart d'entre nous[4]).

C'est la particularité arithmétique de cette date – 15 15 – qui a gravé l'année dans votre mémoire. Ce nombre en miroir vous a interpellé, comme lorsque vous avez faim et qu'en regardant l'heure vous constatez qu'il est précisément 11 h 11. Cette heure double, originale, singulière, est assez forte pour susciter votre intérêt au point d'avoir l'impression que ça vous arrive régulièrement de regarder votre montre à 11 h 11. J'espère ne pas vous décevoir, mais ça vous arrive tout aussi souvent de regarder à 11 h 10, 11 h 12, 11 h 08 ou encore 11 h 16. La différence est que ces dernières heures sont dénuées d'originalité. Elles ne provoquent aucune émotion, alors votre mémoire ne s'encombre pas de ce souvenir.

4. Il s'agit de la première victoire de François Ier face aux mercenaires suisses dans l'espoir de récupérer le duché de Milan et de conclure la guerre de la Sainte Ligue, commencée sept ans plus tôt. Vous savez pourquoi je le sais ? Parce que je viens de chercher sur plusieurs sites spécialisés avant de vous le dire. Mon tiroir aussi n'avait stocké que 1515 !

Moins il y aura d'attention et plus l'encodage des données sera bâclé ou annulé. Au risque de me répéter, **il n'y a pas de mémorisation de qualité sans une attention forte**. En conséquence, l'attention ne peut pas être divisée sur plusieurs centres d'intérêt quand vous souhaitez retenir quelque chose. Écouter une personne parler tout en consultant vos e-mails ne donnera aucun résultat pour vous souvenir correctement de ce qu'a dit la personne ou des détails contenus dans l'e-mail en question.

La question qu'il vous reste à me poser est : « Alors est-ce que je dois tourner le barillet du pistolet avant de tirer ou pas ? » Haha ! Vous ne l'aviez pas vu venir ! Je vais vous répondre que ça n'est pas encore le moment de reparler de l'énigme, mais sachez que l'explication de votre décision de tourner ou non le barillet doit être irréfutablement logique.

La question que j'attendais de votre part était plutôt : « Peut-on décider consciemment ce sur quoi porter notre attention ? » Merci de l'avoir posée, c'est une excellente question. La réponse est oui, mais… Parce qu'il y a toujours un « mais » ! Vous pouvez consciemment vous focaliser sur une chose précise dans l'espoir de la mémoriser, mais moins cette chose en question vous intéresse et plus vous êtes susceptible d'être troublé par des stimulations extérieures. Vous ne devez pas être stressé ou fatigué pour tenir la longueur, et dans l'idéal, il faudrait quand même que vous trouviez une raison stimulante de vous intéresser au sujet.

En résumé, vous maîtrisez la direction de votre attention, mais vous ne maîtrisez pas sa puissance et sa durée. Heureusement, dans la dernière partie du livre je vous donnerai les clés et les astuces pour agir positivement sur ces variables. Pour le moment, contentons-nous de comprendre que **l'attention est la première étape de la mémorisation**.

Continuons, je vous ai promis de lire cette partie en soixante minutes maximum et je ne compte pas vous trahir !

ATTENTION À L'ENNUI

Voici le moment de la deuxième expérimentation que vous allez vivre. Vous le saviez en lisant le titre, n'est-ce pas ? Ce test est direct, sans préparation. C'est plus fun. Je l'ai mis en deuxième parce que je sais que vous commencez légèrement à « décrocher » de la lecture. Je compte bien vous réveiller avec cette petite pause de deux minutes. Oui, deux minutes. Rassurez-vous, je les ai incluses dans les soixante minutes de votre temps de lecture !

La durée maximale de pleine attention baisse chaque année. En 2000, une étude a démontré que notre attention pleine, à 100 %, était de 12 secondes en moyenne. Fort heureusement, nous n'avons presque jamais besoin d'une attention aussi intense. C'est un simple indicateur de notre compétence maximale. En 2015, une nouvelle étude réalisée par Microsoft, impliquant 2 000 participants, a conclu que notre durée d'attention maximale était descendue à 8 secondes. Quatre secondes de moins, ça ne semble rien, mais traduite en pourcentage, c'est une chute vertigineuse de 33 % ! La raison de cette dégradation s'appelle la « **gratification instantanée** ». Le monde qui nous entoure, physiquement et virtuellement, a habitué notre cerveau à recevoir des gratifications cérébrales avec une fréquence non naturelle. Ces gratifications proviennent de l'activation de nos émotions (« Oh ! là, là, il est trop mignon ce petit chat dans mon *feed* Instagram, je vais l'envoyer à Michel ! »), et nous avons fini par en devenir dépendants, parce que c'est agréable, et que ces gratifications sont censées être rares !

Rien d'étonnant, si l'on compare notre psychologie à de la nourriture. Pourquoi sommes-nous attirés par les aliments gras ou par le sucre ? Attirés au point de devoir faire des « efforts d'abstinence » et d'entamer des régimes ou des changements d'habitudes alimentaires. Parce que initialement ces ressources étaient rares. De la préhistoire à quelques générations en arrière, il n'était pas évident de se procurer quotidiennement autant de glucides et de lipides dans une journée. Pas de fast-food au pays de Rahan (si vous avez la référence, je vous offrirai la griffe de sagesse de son collier). Les menus des siècles derniers variaient assez peu d'un jour à l'autre. Ce principe de rareté et de plaisir pouvant provoquer l'addiction (quand ce qui était rare devient abondant) fonctionne de la même façon avec les émotions et la gratification mentale. **Nous sommes en surpoids d'informations** qui génèrent de la joie, de la surprise, de la colère, de la peur ou toute autre émotion forte provoquée en quelques secondes. La moindre vidéo peut déclencher une dose de plaisir, et notre cerveau recherche activement ces sources de stimulations. À l'inverse, nous supportons très mal leur absence : c'est ce que l'on appelle « l'ennui ».

Je vous propose votre premier test sur la balance ! Je vous recommande de jouer le jeu, offrez-vous deux minutes de vie pour appréhender ce qui va suivre.

LE JEU DES 120 SECONDES

Prenez votre téléphone (c'est bien la seule fois de ma vie où je dirai ça dans un livre) ou tout autre moyen de mesurer l'heure facilement. Dans l'idéal, j'aimerais que vous ayez accès à un système d'horloge à aiguilles dont vous pouvez voir la trotteuse bouger à chaque seconde. Si vous utilisez votre téléphone, il possède certainement un chronomètre ou une horloge pouvant être réglée sur le mode « analogique ». Dès que vous êtes en place, passez au paragraphe suivant.

L'exercice n'est pas compliqué. À cause de son aspect simpliste, votre cerveau pourrait vous inciter à ne pas le faire. Ne vous laissez pas envoûter, c'est vous qui êtes aux commandes !

Voici la règle du jeu : vous allez regarder les secondes bouger grâce à l'aiguille pendant 120 secondes. Ni plus ni moins. Simple. Basique.

Mais attention ! Vous devez voir en pleine conscience chaque seconde qui passe. Vous devez constater 120 fois le déplacement de l'aiguille (ou le changement de seconde si vous n'avez qu'une horloge numérique). Interdiction de penser à autre chose ou de vous laisser distraire par quoi que ce soit. Pas même un discours intérieur pour vous dire que « ça ne sert pas à grand-chose ». Résistez à l'envie de compter. Je vous autorise à prononcer « une seconde » avec votre voix intérieure, à chaque mouvement de l'aiguille. Dès que vous êtes prêt, lancez ces 120 secondes et reprenez votre lecture au paragraphe suivant, je vous y attendrai patiemment.

Bien ! Tout d'abord merci de vous être prêté au jeu (sauf les petits malins qui ont commencé par lire ce paragraphe avant de faire le test, je vous vois, retournez en arrière et faites d'abord le test). Comment vous sentez-vous maintenant ? Vous devriez être plus « calme ». Cet exercice apaise votre mental, calme son besoin d'être nourri d'informations, baisse votre niveau de stress et agit sur votre respiration (par extension, l'exercice a également un impact positif sur votre rythme cardiaque et sur votre pression sanguine).

Vous venez de vous mettre dans un état favorable si vous devez faire preuve de concentration sur quelque chose qui vous intéresse (je ne sais pas, ce livre par exemple). Tout ça en seulement deux minutes ! Vous souvenez-vous de la dernière fois où vous vous êtes offert 120 secondes pour ne rien faire au milieu de votre journée ? 120 secondes pour ne penser à rien ? 120 secondes juste pour vous.

Tant que le souvenir est au chaud, que son tiroir est ouvert, je veux que nous débriefions ce qui s'est passé pour vous pendant ce condensé d'éternité. Qu'avez-vous ressenti pendant ces 120 secondes ? Le temps vous semblait rapide ? Au contraire, l'expérience vous a paru trop longue pour quelque chose dont vous ne voyiez pas l'intérêt ? Avez-vous éprouvé des sensations agréables ou désagréables ?

J'ai fait passer ce test au cours de ma vie à un grand nombre de personnes et certaines réponses que j'ai reçues étaient surprenantes. Les personnes utilisaient parfois des termes durs pour qualifier leurs impressions durant le test des 120 secondes. Certaines trouvaient que le temps avait eu une lenteur « désagréable », d'autres m'ont avoué avoir beaucoup « lutté » pour tenir jusqu'à 120 secondes, d'autres m'ont déclaré avoir « souffert » (au sens propre, en ressentant une forme de douleur) et quelques personnes m'ont fait des parallèles avec des mots aussi durs que « punition », « torture », « prison » et même « mort ». Tout ça pour seulement quelques secondes d'interdiction de se servir une louche de stimulation dans le grand saladier de la gratification instantanée.

Parmi ces personnes, certaines échouaient à ce test. Leur réaction était souvent de qualifier le jeu de noms d'oiseaux pour éviter une dissonance cognitive. Je comprends, il est très désagréable d'échouer à faire une chose que l'on pensait facile. En disant que le test est « nul », « stupide » ou « inutile », le cerveau compense la sensation désagréable d'un échec en justifiant le manque d'intérêt du test (plutôt que de constater qu'il y a un problème à résoudre).

> Cette expérience vous permet de ressentir votre degré d'impatience et la perturbation de votre attention. Plus c'était difficile, plus je vous recommande les outils que vous trouverez dans la dernière partie. Si vous n'avez rencontré aucune difficulté à passer ces deux minutes, alors vous venez de gagner un outil pour vous centrer et pour vous mettre en état de concentration.
>
> Dans les deux cas, gardez à l'esprit que le résultat n'est pas définitif : si vous refaites le jeu lors d'un moment moins propice que celui où vous lisez un livre en étant bien installé (par exemple en

le faisant en plein milieu de votre journée de travail), tenir 120 secondes vous semblera beaucoup plus dur.

À chaque fois que vous aurez besoin de recentrer votre attention pour retrouver des points de concentration, vous pourrez compter sur la trotteuse de la première horloge que vous croiserez !

LA CONCENTRATION EST-ELLE DIFFÉRENTE DE L'ATTENTION ?

Nous utilisons régulièrement ces mots comme s'ils étaient interchangeables, vous l'avez sûrement remarqué. Y a-t-il réellement une différence entre la *concentration* et l'*attention* ? Et si oui, comment l'une peut-elle agir sur l'autre ? Les différences majeures sont dans le degré d'effort que vous allez déployer et dans les ressources que vous allez utiliser.

Imaginons que vous soyez à la pêche, au bord d'une rivière. Vous pensez à la fois où votre camarade de classe avait entendu « Sarkozy » au lieu de « Nicosie », et vous commencez à comprendre pourquoi il redouble chaque année. Vous avez jeté votre ligne et vous surveillez le bouchon orange flottant à la surface de l'eau. S'il disparaît, vous allez devoir réagir immédiatement, vous saisir de votre canne à pêche et la relever avant que le poisson ne s'échappe. Votre vigilance est portée sur le changement d'état du bouchon, cette forme d'attention ne demande pas beaucoup

d'effort et vous n'utilisez pas beaucoup de ressources cognitives pour cette surveillance. Peut-être même que cette session de pêche n'était qu'une excuse pour venir vous reposer au bord de l'eau.
Peu importe que vous fassiez une prise ou non, vous serez probablement détendu en repartant.

Changement de décor ! Imaginons que vous êtes assis dans l'un de ces amphithéâtres modernes sans âme. Vous êtes venu assister à une conférence sur la pêche à la ligne (oui, j'ai décidé que c'était votre passion du jour). Vous n'êtes pas là par hasard ! Vous voulez par-dessus tout progresser dans ce domaine et le conférencier qui se tient sur scène est un grand professionnel. On dit de lui qu'il a compris les secrets de ce loisir et il est venu partager ses conseils pendant plus d'une heure. Ça sera probablement la seule fois de votre vie où vous pourrez l'écouter. Vous allez devoir focaliser votre attention sur tout ce qu'il dit. Votre téléphone est éteint, vous refusez à votre cerveau de divaguer vers des pensées sans rapport avec la conférence, vous êtes à fond ! Vous allez mobiliser votre mémoire de travail pour synthétiser les astuces que la star de l'hameçon vous offre. Cette attention de chaque instant, dans une seule direction, va vous demander un effort. Peu importe que ce soit votre plus grande passion, vous serez probablement fatigué en repartant.

L'*attention* est généralement un état de vigilance qui ne demande pas d'effort particulier à votre esprit. La *concentration* est l'action de focaliser volontairement son attention sur quelque chose (une tâche en quelque sorte) de précis. Cette dernière a un prix : celui de l'effort.

On peut en conclure facilement (et justement) que si vos capacités d'attention sont amoindries, alors vous avez plus de mal à vous concentrer efficacement et durablement. Allons encore plus loin : l'attention est une fonction cérébrale qui se met au service de toutes les autres ! C'est une solide fondation qui travaille en autonomie, mais qui excelle dans le travail de groupe avec vos autres capacités cognitives (nous aurons l'occasion de les détailler dans un chapitre plus opportun).

Pour cette partie, distinguons juste trois types d'attention : **l'attention sélective, l'attention partagée** et **l'attention soutenue**.

Nous sommes capables de manipuler consciemment notre vigilance. Si vous décidez de regarder les doigts de votre main pour voir si vos ongles sont propres, personne dans votre tête ne viendra s'y opposer. Le plus amusant c'est que si vous voulez être concentré, il suffit de vous dire « je veux être concentré » pour diriger vos perceptions plus durablement sur une cible.

Stop ! Ne me faites pas dire ce que je n'ai pas écrit. Bien que ce début de paragraphe dise la vérité, votre attention fonctionne quand même de façon autonome la majorité du temps. Elle n'a pas besoin d'attendre vos ordres pour effectuer son travail. La moindre mouche qui vole (dans le jargon, on appelle ça un **distracteur externe**), le moindre bruit inhabituel ou inattendu, la moindre sensation physique sortant de l'ordinaire, comme une odeur de muffin poire-chocolat sortant du four qui se met à chatouiller vos narines, et votre focus se décalera en direction de ce nouveau centre d'intérêt. Vos sens et vos pensées seront dirigés automatiquement, tel un train que l'on ferait changer de rails. Si j'ai précisé que ces distracteurs étaient *externes*, c'est parce qu'il ne faut pas oublier les distracteurs *internes*. Ce sont toutes les pensées qui s'invitent dans votre esprit comme de petits grains de pop-corn qui explosent ! Ces dialogues intérieurs s'enchaînent seuls comme dans les playlists aléatoires des applications de musique. À chaque nouvelle pensée, l'infidèle attention va régler son focus dessus.

Soyons franc, il n'est pas simple (c'est même impossible) de sélectionner à chaque instant ce sur quoi va se focaliser notre attention. Bon, je vais faire une entorse à la règle que je vous avais donnée pour la structure de cette partie. Le titre de ce chapitre ne commence pas par le mot « attention », mais faisons quand même une expérience rapide.

LE TEST DES 30 SECONDES

Quand vous aurez terminé de lire la consigne, relevez votre tête et observez avec attention ce qu'il y a devant vous. Faites-le pendant 30 secondes maximum (et faites-le sans crainte de perdre du temps dans votre lecture, j'ai compté trente secondes dans les soixante minutes sur lesquelles je me suis engagé). Observez attentivement ce qu'il y a devant vous, ne cherchez pas spécialement à retenir quoi que ce soit. Soyez simplement conscient de votre environnement. C'est à vous de jouer.

Vous êtes de retour ? Formidable ! J'en profite pour vous annoncer une bonne nouvelle, cela fait environ trente minutes que vous avez entamé votre lecture, vous avez lu plus de la moitié de la première partie. Merci de m'avoir offert votre concentration. C'est le moment de bouger votre tête, de détendre votre cou et vos yeux. Inspirez profondément trois fois d'affilée pour oxygéner votre cerveau. Je vous recommande de vous lever, de marcher une minute (idéal si vous en profitez pour boire un verre d'eau). C'est fait ? Passons au résultat de l'expérience (je vous préviens que si vous lisez la suite sans avoir fait l'expérience, vous ne pourrez plus la faire dans le futur).

Avant la courte pause, vous veniez de focaliser votre esprit sur l'environnement qui vous entoure pendant trente secondes. Vous avez perçu votre monde dans sa globalité, mais vous l'avez fait avec *attention* comme je vous l'ai demandé. Ce que j'essaie de vous expliquer, c'est qu'en temps normal, vous ne prêtez pas une attention aussi consciente aux lieux que vous visitez au cours d'une journée. Pourtant, si je vous demande combien d'objets bleus il y avait dans votre champ de vision, ou quelle tenue (vêtements et couleurs des vêtements) portait précisément une personne que vous auriez vue devant vous, vous seriez ennuyé pour me répondre sans avoir de doute.

Essayez de vous rappeler des détails très précis de ce qu'il y avait dans votre champ de vision. Ne croyez pas que dire « une chaise » vous fera gagner des points ! Il faut me donner la couleur de la chaise, me décrire son dossier et me dire si son assise est différente du reste de la chaise. Il est très difficile de donner des détails précis sur ce que vous venez de percevoir car vous avez porté une attention dans son état de base. Pour votre cerveau (et le mien par la même occasion), il est quasiment impossible d'avoir une concentration *globale* et *locale* à la fois. Si vous allez au théâtre, vous avez déjà vu ces faisceaux de lumière qui partent du fond de la salle pour éclairer un endroit de la scène en formant un cercle lumineux, ces lumières s'appellent des « poursuites ». Vous pouvez imaginer que l'attention est comme une lumière générale qui peut éclairer toute la scène du théâtre dans sa globalité ou au contraire comme une lumière de poursuite qui va n'éclairer qu'un seul comédien, sans déborder sur le reste du décor. Lorsque vous vous focalisez, vous vous concentrez précisément sur ce que l'on appelle **« l'attention sélective »**.

Si vous refaites le test d'observation de 30 secondes sur un seul des éléments se trouvant devant vous, vous pourrez ensuite le décrire avec précision. Parce que vous aurez décidé de sélectionner cette unique cible, en laissant de côté tout le reste.

Parlons ensuite de **l'attention partagée**, qu'on appelle également **l'attention divisée**. C'est le nom du processus qui vous fait basculer de l'attention sélective d'une cible à l'attention sélective d'une autre cible (ou plus) de façon cyclique. Vous avez raison, cette phrase un peu lourde m'a fait mal à la tête, imaginons une situation plus quotidienne !

> Vous êtes chez vous dans la cuisine. Vous avez choisi plusieurs recettes pour préparer un bon dîner en famille (c'est sympa, vous auriez pu m'inviter). Tout en surveillant les différentes cuissons sur les feux ou dans le four, vous écoutez un podcast passionnant, mais n'oubliez pas de garder un œil sur votre enfant en bas âge, qui joue dans la pièce à côté. Je vous apprends peut-être par la même occasion que vous êtes parent, toutes mes félicitations.

À chaque fois que votre attention changera de cible (la suite de la recette, la casserole, le poulet dans le four, le podcast, votre enfant), vous allez pour ainsi dire « payer » une taxe dans votre cerveau, un **coût cognitif**, qui va occasionner de la fatigue et réduire la qualité de votre attention sur chacune des cibles ! Il y a fort à parier qu'à la fin vous soyez fatigué, qu'une des cuissons soit restée un peu trop longtemps sur le feu et que vous n'ayez pas compris la moitié de ce qui se disait pendant le podcast. **Plus vous perdrez d'énergie** en changeant de cible et plus votre esprit affectera les ressources restantes à ce qu'**il considère être la priorité absolue de votre attention** : dans notre exemple, ça serait votre enfant.

Terminons avec **l'attention soutenue**. C'est elle que l'on appelle souvent la *concentration* (vous avez vu comment je n'ai pas oublié le titre de ce chapitre !). Il est difficile de maintenir dans le temps son attention sur une même action, une même tâche ou une même pensée. L'attention soutenue, c'est le fait de contraindre son attention sélective à ne pas se déplacer. Cela demande un effort, de la volonté et de l'énergie, car votre attention a envie de basculer sur une autre cible à chaque instant. Les premiers fautifs sont les fameux distracteurs internes et externes. Nous aurons l'occasion de parler plus en détail de l'attention soutenue dans les deux dernières parties du livre.

Vous connaissez à présent les bases des relations qui existent entre la concentration et l'attention, il est temps de poursuivre (appréciez la qualité de cette transition avec le prochain titre).

ATTENTION AU TEMPS QUI PASSE

Troisième expérience que nous allons mener ensemble (bon, OK, quatrième si je compte la clandestine du chapitre précédent) ! **Plus votre attention est en bon état, plus votre perception du temps est fiable. Malheureusement l'inverse est également vrai.**

Le besoin de passer d'un sujet à l'autre, d'être nourri en permanence d'informations, provoque une impatience qui se traduit toujours par une mauvaise perception du temps. Par exemple, si vous n'avez pas encore trouvé la réponse à l'énigme de la roulette russe que nous avons amorcée en début de partie, mais que maintenant je vous donne un indice, alors vous serez stimulé. Cette stimulation modifiera la perception du temps que vous avez de votre lecture. C'est exactement ce que je vais faire.

> Mieux qu'un indice, je vais vous donner le point de départ de la réponse à l'énigme : vous devez faire tourner le barillet avant de tirer à votre tour, il ne vous reste plus qu'à me dire précisément pourquoi il faut le faire.

La dilatation ou la contraction du temps qui passe, vous avez déjà expérimenté ce processus naturel (et sans danger) maintes fois dans votre vie. Souvenez-vous d'une conversation passionnante que vous avez eue, vous aviez regardé votre montre en arrivant puis, à un moment, vous aviez regardé l'heure pendant la conversation. Stupeur ! La durée qui venait de s'écouler n'était pas les vingt minutes que vous aviez perçues, mais une heure entière ! Souvenez-vous aussi de ces cinq minutes qu'il restait avant la fin d'un cours à l'école (cours qui ne vous intéressait pas plus que ça – moi, c'était la mécanique appliquée et son soporifique point fondamental de statique). Chaque seconde vous semblait être une éternité. Vous regardiez votre montre toutes les minutes et il vous semblait que le temps s'était figé.

LE TEST DU TEMPS

Testez votre perception du temps sur des tâches simples et neutres. Pour commencer, estimez le temps que vous pensez mettre pour réaliser l'action proposée. Vous ferez cette action et vous noterez ensuite le temps que vous aurez réellement mis. Ne le faites pas à la louche, sortez votre téléphone pour chronométrer.

- Réciter l'alphabet en entier.
  - Temps estimé : ....
  - Temps réellement écoulé : ....
- Compter de 1 à 100 à la vitesse que vous voulez.
  - Temps estimé : ....
  - Temps réellement écoulé : ....
- Citer dix films français de comédie.
  - Temps estimé : ....
  - Temps réellement écoulé : ....

- Retrouver quelles sont la douzième et la dix-neuvième lettre de l'alphabet.
  - Temps estimé : ....
  - Temps réellement écoulé : ....
- Lire dans votre tête les dix-sept articles de la Déclaration des droits de l'homme et du citoyen de 1789[5] (pensez à regarder la longueur du texte avant d'estimer votre temps de lecture).
  - Temps estimé : ....
  - Temps réellement écoulé : ....

Alors ? Constatez-vous de grands écarts entre vos estimations et vos temps réels ? Ou pire, êtes-vous déjà en train de me lire parce que vous vous êtes dit que vous auriez le temps de le faire plus tard ou que ça n'avait pas tellement d'intérêt ? Non, je pense que vous l'avez fait. Mais en sortant votre téléphone pour lancer le chronomètre, avez-vous été tenté de vérifier si vous aviez des messages ? Si c'est le cas, vous serez très intéressé par la deuxième partie qui se rapproche un peu plus à chaque page.

Vous avez également ressenti que la lecture de la Déclaration des droits de l'homme a demandé de **l'attention soutenue**. Vous avez dû être parasité par des distracteurs externes, mais également par des pensées que votre cerveau produisait à la lecture des articles (des avis, des réflexions, ou peut-être des pensées basiques comme le simple fait de vous dire que vous n'aviez jamais lu en entier cette Déclaration).

Quoi qu'il en soit, **ces expérimentations vous aident à vous découvrir et à comprendre comment fonctionne votre attention personnelle.** Vous n'avez pas besoin que je commente vos résultats

5. Consultable sur le site de Légifrance (www.legifrance.gouv.fr).

(je pense que vous êtes déjà satisfait ou surpris de la comparaison entre vos temps estimés et vos temps réels).

Votre seul besoin (pour le moment) est de mieux vous connaître et de mieux appréhender ce que nous appelons « l'attention ». Et je peux vous dire que vous êtes sur le bon chemin !

PERCEPTION, CONSCIENCE ET ATTENTION

Voici venu le moment un peu philosophique. Hop, hop, hop ! ne fuyez pas ! Je vous vois déjà jeter un coup d'œil au titre du prochain chapitre pour voir s'il commence par « attention ».

Vous avez remarqué ces ruptures quand je vous interpelle ? J'utilise un stratagème pour mettre du rythme, je vous fais prendre conscience que nous sommes dans une conversation (plutôt dans un monologue où j'essaie d'anticiper vos pensées et vos réactions). Quand je vous interpelle par le « Hop, hop, hop », vous prenez conscience que j'écris en pensant à vous, en m'adressant directement à vous.

La conscience active, celle où nous sommes capables de nous entendre penser, existe dans l'attention, et disparaît dans l'inattention (ou plus exactement dans le manque d'attention). La capacité dont le livre fait l'objet est un rouage qui entraîne celui de la **conscience de l'instant** et celui de la **lucidité** sur ce que l'on vit. **Sans l'attention, nous ne serions que des machines à réagir musculairement et intellectuellement.**

> **Exercice pratique :** Je suis devant vous avec un ballon. Si je vous envoie le ballon sans vous prévenir, vos muscles vont agir pour l'attraper

> ou pour l'éviter. Je décide en fin de compte de ne pas envoyer le ballon, je le pose. Je ne suis pas venu pour jouer, mais pour vous annoncer une nouvelle qui ne va pas vous plaire : je viens vous dire que votre loyer va augmenter ! Vos pensées automatiques vont vous faire commencer à pester contre votre propriétaire avant même de savoir si ce que je viens de dire est vrai (après tout, qu'est-ce que j'en sais, moi ?), quel est le montant (une augmentation d'un centime est quand même une augmentation, mais moins agaçante qu'une augmentation de 50 euros) ou les raisons de cette augmentation (parce que vous allez bénéficier d'une piscine chauffée par exemple).

L'attention aide notre esprit à avoir conscience d'une chose précise plus qu'à avoir conscience de soi-même (relisez la phrase, elle est un peu complexe, je vous avais dit que c'était l'instant philosophique).

Voici la dernière indigestion de mots avant de reprendre un échange plus fluide : puisque la **conscience** peut être définie comme étant la **perception de sa propre existence**, alors **l'attention** peut être définie comme **la partie de notre expérience**, de notre existence, sur laquelle on a choisi de se **concentrer.** En conclusion et par extension, **la concentration est l'énergie que l'on a délibérément choisi de mettre sur cette partie de notre expérience.**

Ouf ! on peut reposer nos méninges, maintenant.

J'ai voulu vous parler de ces fondamentaux dès la première partie car l'attention est un bien précieux dont nous avons peu conscience dans l'instant. Rares sont les personnes qui, comme vous, vont s'y intéresser au point de lire un ouvrage entier sur le sujet. Là où le bât blesse, c'est qu'**il faut soigner son attention pour avoir conscience de son existence.** C'est un cercle vicieux. Le serpent se mord la queue et seule **l'expérimentation** peut nous permettre (« nous », les humains) de comprendre sa vraie valeur.

C'est maintenant que nous raccrochons les wagons avec le titre de ce chapitre ! La perception est le meilleur exemple pour illustrer ces réflexions sur la conscience. Prêt à stimuler votre imagination pour un nouveau jeu de rôle ? Bien.

> Je lance un sortilège de téléportation et vous êtes maintenant à l'anniversaire d'un ami. Il y a une vingtaine de personnes réunies dans la pièce principale de son domicile. Vous entendez de la musique et un brouhaha propre à ce genre d'événement. Vous êtes en train de discuter avec votre ami Michel. Vous adorez Michel, il a toujours un truc marrant à raconter et ça fait très longtemps que vous ne vous êtes pas parlé. Votre cerveau va, comme par magie, isoler les autres sons de la pièce pour que vous ne perceviez que la voix de Michel afin d'être focus sur la conversation. Vous n'êtes plus que tous les deux, Michel et vous. Ce processus de filtre est fait par votre mental de manière automatique. Pendant que vous discutez, un autre groupe se trouve quelques mètres derrière vous. Quelqu'un vient de prononcer votre prénom dans une phrase. Votre filtre mental laisse passer cet unique son pour que vous ayez conscience de cette conversation au loin. C'est juste assez pour que vous soyez toujours concentré dans votre discussion avec Michel tout en étant un peu perméable pour savoir pourquoi on parle de vous un peu plus loin.

Vous avez peut-être déjà expérimenté ce superpouvoir du filtre audio en étant assis dans un restaurant tout en étant capable de suivre la discussion d'une table se trouvant loin de vous. C'est assez étonnant quand on y pense, on a réellement l'impression que le reste de la pièce a diminué son volume sonore.

Ce système de filtre, qui fait partie de l'attention sélective, est vulgairement appelé en psychoacoustique l'effet « cocktail party ». En 1953, le chercheur Colin Cherry a fait les premiers tests consistant à diffuser des sons différents dans les deux oreilles des volontaires participant à l'étude. Ces derniers ne devaient se concentrer que sur l'une ou l'autre de leurs oreilles, à la demande du chercheur, pour ensuite restituer le sens de ce qu'ils avaient entendu dans l'oreille en question. Le seul moyen de comprendre le sens de ce qui était diffusé était de « ne plus entendre » ce qui était diffusé en simultané dans l'autre oreille.

En 1959, Neville Moray va plus loin en incluant dans sa recherche le principe de perméabilité. Pour réussir cette prouesse, il va reproduire l'expérience d'origine mais en diffusant parfois des sons significatifs (comme le prénom du participant) du côté où le volontaire ne doit prêter aucune attention. C'est ainsi que l'on a pu constater et quantifier notre capacité naturelle et automatique à créer des filtres de perception tout en laissant filtrer des informations qui peuvent nous être utiles.

Des recherches similaires ont été faites par d'autres chercheurs sur le domaine de la perception visuelle ou sensitive. En 2016, Skoda avait fait l'une des publicités les plus intelligentes que j'ai pu voir dans ce domaine[6] : une Skoda Fabia bleue était au centre de l'image, garée dans la rue devant des bâtiments. Les téléspectateurs regardaient cette scène peu agitée (aucun mouvement si ce n'est une passante qui traversait l'écran). Le spot était entrecoupé de flashs noirs réguliers et rapides. Ils n'étaient pas placés par hasard, ils symbolisaient le clignotement naturel des paupières. Vous n'en prenez pas conscience mais régulièrement vous êtes dans le noir

6. https://dai.ly/x2ink9j

durant la fraction de seconde qu'il faut à vos paupières pour humidifier votre cornée. C'est quelque chose de tellement banal que vous avez un filtre mental pour ne plus le percevoir. Dans la publicité de la Skoda Fabia, les éléments du décor changeaient subtilement et légèrement à chaque coupure noire à l'écran. La couleur d'une façade, un panneau en plus sur la route, un vélo contre un mur. Au bout de quarante-cinq secondes, la seule chose à l'écran qui n'avait pas changé depuis le début de la publicité était la voiture bleue au centre, et personne n'avait vu qu'il y avait eu toutes ces modifications avant que la vidéo elle-même nous le fasse remarquer, en nous montrant un avant/après édifiant !

Manipuler la direction de votre attention en utilisant la connaissance de vos perceptions et de vos filtres, c'est exactement ce que tente de faire le marketing. Les marketeurs ont pour mission de créer une stimulation visuelle ou auditive assez forte pour casser vos filtres, pour se saisir de votre attention et essayer de vous faire percevoir un message. Le but ? La vente d'une marque et de ses produits. Comme ils n'ont que peu de temps pour cela, ils vont souvent inclure le message directement dans la forme du stimulus. Par exemple en utilisant une mascotte publicitaire véhiculant les valeurs de la marque : un tigre pour vendre des céréales enverra à votre cerveau un message sur l'apport en énergie des céréales, et à quel point en consommer rend fort !

Si je veux que vous me perceviez pleinement, je dois diriger la majorité de votre attention sur moi. À l'inverse, **tant que vous ne portez pas d'attention sur un point précis, alors ce point n'existe pas dans votre perception**.

> Vous avez probablement des chaussures aux pieds. Dirigez votre esprit sur les sensations de vos pieds avec vos chaussures. Ressentez le contact de vos orteils les uns contre les autres. Êtes-vous à l'aise ? Un peu serré ? Avez-vous

chaud ou froid ? Peut-être identifiez-vous de légères douleurs ou un fourmillement ? Il y a quelques lignes, ces sensations au niveau de vos pieds n'existaient pas pour vous, car, sans votre attention, vous ne pouviez pas les percevoir.

LE DÉTOURNEMENT D'ATTENTION, LE SECRET DES MAGICIENS

Vous le savez depuis toujours au fond de vous : un magicien c'est juste un type en costard, qui cache des trucs dans ses manches, qui va prendre son chapeau pour faire apparaître un lapin et surtout qui ne peut pas s'empêcher de mettre des danseuses sur scène dans le but de détourner notre attention... Vous le savez car ce sont des clichés, et les clichés ont la vie dure ! Pourtant, si vous y réfléchissez, est-ce que ça ne fait pas bien longtemps que vous n'avez pas vu de magicien faire apparaître un lapin d'un chapeau ? Pour être transparent avec vous, je crois que je n'ai jamais vu un magicien faire ce tour en dehors d'une bande dessinée.

Une légende urbaine explique quand même que le **détournement d'attention** serait le grand secret des illusionnistes. Ce qui est étonnant pour un secret puisque tout le monde semble être au courant. La définition d'un détournement d'attention est de stimuler la vigilance d'une personne pour l'obliger à réagir de manière urgente à une nouvelle stimulation visuelle ou auditive.

Pourtant, je ne suis pas très à l'aise avec ce terme de « détournement » d'attention. Cela signifierait que les mentalistes utilisent le détournement d'attention psychologique, et les magiciens le détournement d'attention visuelle ? Or j'ai l'impression que détourner l'attention d'une personne veut dire pointer mon doigt dans la direction qui lui est opposée en lui criant : « Attention ! Un éléphant derrière toi ! » Et je crois ne pas trop m'avancer en affirmant qu'il est rare qu'un tour de magie utilise ce stratagème.

Les magiciens ont beaucoup de noms. On les appelle « illusionnistes », « prestidigitateurs » ou « mystificateurs », mais ils se font également appeler « manipulateurs » (pour mettre en avant leur dextérité). Un manipulateur manipule, c'est logique. C'est également ce que font les magiciens avec l'attention de leurs spectateurs, ils la manipulent, en douceur, pour la déplacer naturellement à l'endroit où ils le souhaitent... L'endroit qui les arrange et qui va leur permettre de créer l'illusion d'une situation impossible.

Ce qui va suivre va vous demander un peu de visualisation mentale. Mais le jeu en vaut la chandelle... Comme promis au début de ce livre, je vais soulever légèrement le rideau d'un secret de magicien. Est-ce éthique de révéler un secret ? Je répondrai à cette question à la fin de cet aparté.

Pour vous aider à suivre ce que je vais expliquer, vous pouvez faire avec vos mains les gestes que je vais décrire. Si je tiens visiblement une pièce dans le creux de ma main droite et que celle-ci laisse tomber la pièce dans le creux de ma main gauche, puis que je ferme ma main gauche mais qu'en l'ouvrant il n'y a plus la pièce, alors il y a de grandes chances pour que cette pièce n'ait jamais quitté ma main droite ! Fin du secret ? Pas tout à fait.

La dextérité va me permettre de vous donner l'illusion visuelle que la pièce tombe réellement de ma main droite à ma main gauche. Les gestes, le rythme et la persistance rétinienne vont devenir des atouts pour m'aider à commettre mon divertissant méfait. Si en plus je fais ce mouvement à la hauteur de mon torse, en laissant redescendre très lentement ma main droite « vide » vers le bas pendant que ma main gauche, en poing fermé, monte à la hauteur de mon visage rapidement... alors c'est parti : je commence à manipuler votre attention ! Je sais que votre esprit est attiré par ce qui bouge et par ce qui monte ! Vos yeux ne vont pas pouvoir s'empêcher de suivre la main qui monte car **le mouvement est prévu pour diriger**

votre attention : vous étiez focalisé sur les mains lors du soi-disant échange de mains et j'ai amené votre focus à suivre la main gauche plutôt que la main droite lorsque les mains se sont séparées.

Votre attention n'a pas été **détournée**, il y avait un choix à faire dans la continuité (droite ou gauche), et je l'ai juste dirigée dans la direction qui favorise l'illusion finale. Détaillons encore un peu plus : si mon propre regard suit la main gauche, celle censée avoir la pièce de monnaie, comme si moi-même j'étais intimement convaincu de regarder la main qui contient la pièce, alors je renforcerai encore plus votre conviction inconsciente que vos sens doivent être dirigés dans la direction que suit mon regard pour ne rien rater.

Voilà, vous connaissez un secret de magicien, et vous savez ce qu'il y a de plus beau ? Lorsque l'un de ces artistes fera disparaître une pièce de cette manière devant vous, votre attention se fera quand même avoir ! Preuve qu'il s'agit d'une **manipulation de votre attention** et non pas d'un détournement d'attention. Si c'était un détournement d'attention, le fait de vous révéler le secret vous ferait vous méfier, vous regarderiez l'autre main puisque vous avez été initié. Comme la séquence **dirige** votre attention en la prenant quasiment par la main, votre esprit critique n'a aucune décision à prendre. Et vous ne vous souviendrez d'avoir lu cette description dans ce livre qu'au moment où les doigts de l'artiste s'ouvriront pour révéler qu'il n'y a rien dans sa main. Votre regard se précipitera alors sur l'autre main, un peu plus bas, qui sera vide elle aussi... trop tard ! (Le magicien aura eu un coup d'avance sur vous, et aura déjà pris le temps de faire disparaître la pièce de l'autre main puis encore ailleurs !)

ATTENTION À CE À QUOI VOUS FAITES ATTENTION

Là je vous ai bien eu ! Si, si ! regardez le titre de ce chapitre… Il commence par « attention » et se termine par « attention ». Alors est-ce un passage interactif ou théorique ? Un peu des deux pour être honnête. C'est aussi le dernier chapitre avant de vous donner la réponse complète à l'énigme du barillet et du pistolet qui nous intrigue depuis presque une heure (je pense que vous avez la réponse ou que vous en êtes très proche).

Bien choisir à quoi dédier votre attention est essentiel. Si cela va de soi, ça n'est pas pour autant que nous le faisons. Laissez-moi vous poser quelques questions. Vous avez le droit de ne pas y répondre. Je vais même vous demander expressément de ne pas y répondre ! La consigne est étrange ? Tant pis. Restez attentif à mes questions. Lisez-les, comprenez-les, mais ne vous sentez pas impliqué par ces demandes, je ne veux pas que vous cherchiez à donner de réponse. Voici cinq questions à lire sans penser à la réponse :

1. Quelle heure est-il approximativement ?

2. Êtes-vous assis confortablement ?

3. Avez-vous soif ?

4. Trouvez-vous que ce livre a encore cette odeur caractéristique du papier neuf ?

5. Quel est l'arbre que l'on décore dans son salon pour Noël ?

Alors ? Difficile de ne pas avoir de réponses qui apparaissent dans votre esprit. À chacune de mes questions votre attention s'est déplacée vers le sujet concerné. C'est mon métier de mentaliste de diriger l'attention de mon public pour le bluffer et le divertir. Je sais que si je vous demande de ne pas penser à un éléphant rose, vous penserez *a minima* à un éléphant (et il sera probablement rose). Je vous l'ai déjà dit, le cerveau n'aime pas le vide. C'est comme si j'écrivais une phrase en grands caractères devant vous en vous demandant de la regarder, mais sans la lire. À partir du moment où vous savez lire, votre esprit ne peut pas s'empêcher de traduire les signes en lettres, puis en mots, puis en phrases. NE LISEZ PAS CETTE PHRASE (TROP TARD).

En ce moment, nous nous amusons, avec un autre mentaliste, Charlie Haid, dont je salue le talent au passage, à piéger l'attention et la mémoire de travail des autres pour induire des pensées fausses basiques. Ce qui est magnifique avec ces techniques, c'est qu'elles fonctionnent aussi bien sur nos spectateurs… que sur nous deux ! Je vais vous le faire (je vous avais bien dit que ça serait un peu interactif !).

> Imaginez que 2 plus 2 soit égal à 10. Ne le retenez pas, s'il vous plaît, car nous savons vous et moi que c'est faux. Mais je voulais juste que vous lisiez attentivement que 2 plus 2 est égal à 10. C'est étrange, on ne nous a pas appris ça et vous n'avez pas besoin de l'expérimenter pour savoir que ça ne fonctionne pas. Mais, pour cette expérience, c'est important pour moi de vous dire que 2 plus 2 est égal à 10. Et que nous y reviendrons à la fin de ce chapitre. Le suspense est insoutenable ! Je pourrais vous demander de lire cette addition à voix haute, mais je n'en ferai rien.

Votre attention se laisse manipuler par votre environnement, mais aussi par ce qui est dit ou écrit autour de vous.

Souvenez-vous des premières fois où vous avez fait vos lacets. Ce souvenir est peut-être lointain, mais je peux vous assurer que 100 % de votre attention était dédiée au moment où vous faisiez le serpent autour de l'arbre pour le faire rentrer dans le trou. C'était nouveau, c'était un enchaînement de mouvements difficiles à retenir, il y avait un enjeu et vous vouliez absolument réussir. Idem pour vos premiers mètres sur un vélo (sans les petites roues, en plus !) ou lorsque vous avez appris à nager à la piscine municipale. Dans ces trois exemples vous vouliez être capable de bien faire, vous vouliez apprendre. L'espace d'un instant vous avez été capable de dédier toutes vos ressources cognitives à ces tâches. Aujourd'hui, vous savez faire vos lacets, vous savez pédaler et vous savez nager (ou toute autre activité, ce ne sont que des exemples).

Votre mémoire procédurale (la mémoire du corps) a pris le relais de votre conscience et vous êtes capable de discuter en mettant vos chaussures ou de pédaler tout en regardant le paysage autour de vous.

Il est important que vous sachiez à quoi vous voulez faire attention, mais aussi identifier les ennemis de votre attention. Si vous voulez lire ce livre en vous plongeant dedans mais qu'en face de vous un écran diffuse une émission de variétés, il y a de fortes chances pour que vous soyez attiré vers l'écran régulièrement à cause d'un son ou d'une image.

> Prenons un autre exemple : vous travaillez sur un sujet important et vous devez chercher une information très simple à trouver sur Internet. Par exemple, un résumé de cette fichue bataille de Marignan dont vous ne vous souvenez finalement déjà plus alors que vous aviez lu ma petite note en bas de page. Vous sortez votre téléphone. Allez-vous simplement chercher l'information et reposer votre téléphone, ou vérifier vite fait en même temps vos messages ? Avec un petit coup d'œil rapide à vos réseaux sociaux ? Tout en regardant à quoi correspond cette notification d'un nouvel e-mail ?

Vous devez être conscient de deux choses : **votre attention ne se dirige pas spontanément vers ce qui est le plus utile pour vous.** Elle n'est pas configurée pour ce travail et c'est bien tout le problème qui nous occupe. Positivement en revanche, **elle vous autorise à ne pas faire de focus lorsque vous maîtrisez quelque chose, une action physique.** Vous perdriez du temps, de l'énergie (et sûrement de l'efficacité) si vous deviez conscientiser votre manière de faire vos lacets.

Attendez, avant de clôturer ce chapitre quelque chose vient de me revenir. J'ai une petite question à vous poser : combien font finalement 2 plus 2 ? Si vous avez pensé à 4, c'est normal, c'est la bonne réponse ! Et si vous avez pensé à 4 mais également à 10 tout en vous disant que ça n'était pas la bonne réponse (ou que je cherchais à vous faire penser à 10, ça marche aussi), vous venez de constater que l'esprit peut cibler n'importe quoi, même ce qui n'est pas nécessaire, ce qui est faux (ou qu'un auteur s'est amusé à glisser dans votre esprit).

L'une des grandes problématiques n'est pas d'être attentif, par définition votre attention est toujours portée sur quelque chose, encore faut-il que cette chose soit vraiment utile pour ce que vous cherchez à faire ou à apprendre. Vous devez simplement faire attention à ce à quoi vous faites attention.

ATTENTION AU DÉPART !

J'aperçois la ligne de départ ! Vous êtes dorénavant équipé de solides bases sur l'attention. Certes nous n'avons creusé ni en profondeur ni dans toutes les directions, mais vous avez réussi à être concentré pour obtenir de nouvelles connaissances, vous avez compris les implications basiques de l'attention. Vous avez pu tester certaines de vos capacités et même situer les forces ou les faiblesses de cette faculté. Vous avez effleuré les problématiques qui vont vous permettre de passer au niveau supérieur et reprendre le pouvoir sur votre précieuse attention (et sur ceux qui essaient de se l'approprier pour en faire commerce).

Avant de conclure cette première partie, voici la réponse à notre énigme ! Le malfaiteur n'a placé qu'une seule cartouche dans l'une des six chambres du pistolet. Il a ensuite fait tourner le barillet et a appuyé sur la gâchette en visant une bouteille vide près de vous. Rien ne s'est passé, la chambre du pistolet était vide. Votre but est également de ne pas briser la bouteille lorsque vous allez tirer dessus. Pour maximiser vos chances de réussite, vous *devez* faire tourner le barillet avant de jouer (mais vous le savez, je vous l'ai dit tout à l'heure). Pourquoi ? C'est une logique statistique. Puisque le malfaiteur a tiré, une chambre vide ne compte plus vraiment dans le barillet, on ne peut pas retomber dessus sans passer d'abord par les cinq autres chambres. Il reste quatre chambres vides dans le barillet et une cinquième qui contient la balle. Vous avez quatre chances sur cinq de ne pas faire exploser la bouteille, soit 80 % de chances. Mais si vous refaites tourner le barillet, alors la chambre vide utilisée par le malfaiteur est remise en jeu ! Vous aurez de nouveau cinq chances sur six de ne pas faire exploser la bouteille, soit 83 % de chances. C'est subtil, mais c'est logique.

Que vous ayez trouvé ou pas, votre esprit a été stimulé, et je vous recommande de ne jamais vous adonner à une activité incluant de faire tourner un barillet pour jouer avec la chance.

En dédiant un peu de temps à la lecture des pages précédentes (ce temps représente approximativement 0,00007 % de votre vie), vous avez obtenu un avantage : le savoir. Vous avez constaté indirectement que tout ce que vous faites dans votre vie ne vous demande pas forcément le même degré d'attention. Faire ses lacets en étant adulte ne demande donc pas la même concentration que lorsque vous étiez enfant (sauf si vous essayez de les faire en sens inverse, c'est très perturbant, pourtant ils tiennent mieux). Prendre une douche reste plus facile que de dessiner les plans de sa future cuisine.

> C'est une chose à retenir : vous n'avez pas besoin d'être attentif à tout, tout le temps ! Il suffit que vous soyez capable de diriger votre attention lorsque c'est utile, de savoir maintenir votre attention lorsque c'est nécessaire, d'avoir assez de conscience pour éviter les pièges « attrape-attention » et d'éduquer votre esprit à l'ennui pour résister à la recherche de la gratification instantanée. Je m'adresse à vous, mais vous pourriez très bien lire ce livre dans le but de transmettre une partie de ces outils à votre entourage. Cela pourrait avoir un bel effet « boule de neige ».

L'intérêt de prendre soin de son attention se résume en quatre piliers : visiblement améliorer sa vie quotidienne, baisser sa charge mentale, améliorer la gestion de son temps et arrêter de se sentir submergé.

Si l'attention est l'une de vos précieuses richesses mentales, n'oubliez pas que, pour certaines entreprises, elle vaut de l'or et qu'elles feront tout pour vous en déposséder.

« Tout s'achète, même l'attention. »

Opération Orchidée, Christiane Villon, 1985

COMPRENDRE QUI SONT LES ENNEMIS ET S'EN SERVIR

« Connais ton ennemi et connais-toi toi-même. » C'est l'une des phrases marquantes du général Sun Tzu que l'on peut lire dans *L'Art de la guerre*. Vous avez appris à vous connaître vous-même, il est nécessaire que vous fassiez la connaissance d'une partie des ennemis de l'attention avant de rencontrer ses alliés (et du matériel pour reprendre le pouvoir).

LE BROUHAHA CULTUREL

Quand j'étais petit, nous avions trois chaînes sur notre vieille télévision. Rapidement l'offre s'est étoffée à cinq chaînes, plus une sixième qui était cryptée la plupart du temps : Canal+ ! Quand nous zappions dessus, on apercevait le film malgré la neige et le son caractéristique du cryptage. Nous n'avions pas d'abonnement, cela représentait un gros budget que ma famille ne pouvait pas se permettre. Ça ne m'empêchait pas de rêver en feuilletant le programme télé. J'imaginais tout ce que j'aurais pu regarder, si seulement j'avais eu cette chaîne.

C'est ce que j'ai fait lorsque j'ai eu mon premier appartement ! Mais pas de la manière la plus attendue : j'ai acheté une carte d'acquisition TV (une carte électronique qui, mise dans l'ordinateur, permet de brancher l'antenne télé directement sur l'ordinateur), et j'ai téléchargé un logiciel sous licence gratuite. Un peu de débrouillardise sur Internet m'a permis d'obtenir une clé de décryptage qui, une fois rentrée sur ledit logiciel, m'autorisait à voir Canal+ en clair ! Oui, je sais, ça n'était pas du tout légal, mais je n'ai plus recommencé.

J'avais les six chaînes disponibles en réseau hertzien (les ondes que capte ce bon vieux râteau sur le toit) et je passais juste plus de temps à zapper devant mon écran ! C'était étonnant, je ne regardais pas plus la quatrième chaîne que les autres. J'avais juste augmenté le temps que je prenais pour sélectionner le programme qui allait bénéficier de mon « temps de cerveau disponible ».

Je vous plonge dans mes souvenirs car je crois que c'est à cette période que le déficit d'attention a commencé à progresser dans la société. On ne s'en rendait pas vraiment compte, mais plus l'offre culturelle (au sens large) s'élargissait, plus notre attention était malmenée, mal habituée.

Aujourd'hui nous avons l'intégralité d'Internet à portée de main, toujours disponible au fond de notre poche. Il y a des marques de VOD qui fleurissent chaque année. On ne compte plus les créateurs de contenus sur le Web qui sont sur plusieurs plates-formes en même temps (je les connais bien, j'en fais partie). L'information au sens large est partout. Au niveau musical, la tendance ne dure plus que quelques jours : existera-t-il des légendes atemporelles de la chanson comme nous avons connu ? Concernant les livres il existe plus de 818 000 titres[7] en France et plus

7. Victor De Sepausy, « Les Français de moins en moins clients de livres neufs », ActuaLitté, 13 avril 2023.

de 68 000 nouveautés sont publiées chaque année ! Il n'y a jamais eu autant de spectacles, d'humoristes, de concerts qu'aujourd'hui. La liste est longue.

La gourmandise qu'était la culture (au sens large du terme) est devenue une offre oppressante se disputant les faveurs de notre attention. Un brouhaha où notre liberté de choix nous angoisse et nous ferait presque regretter les décennies qui m'ont vu grandir avec l'alternative de trois chaînes de télévision.

LE COÛT DE CHOISIR

Arretons-nous devant notre vieux tube cathodique. Celui qu'il ne fallait pas regarder de trop près pour ne pas s'abîmer les yeux (du moins c'est ce qu'affirmaient tous les parents à leurs enfants). Dans les années 1990, j'étais adolescent. Le rituel familial devant la télévision le soir était toujours le même : nous nous installions tous sur le canapé du salon ; la télécommande en main, mon père jouait au cow-boy en passant d'une chaîne à l'autre. À cette époque, il était impensable de ne pas avoir chez soi un endroit dédié au loisir télévisuel. C'est assez incroyable de penser qu'un simple objet a modifié nos habitudes au point qu'une pièce entière lui soit dédiée ! Les tirs de zappette de mon père s'estompaient et nous nous arrêtions sur un programme. Je me suis souvent dit qu'en fin de compte nous regardions le « moins pire » des programmes disponibles. Je m'explique : nous avions décidé de regarder la télévision, c'était notre projet, et nous faisions un choix par défaut. Nous restions devant le programme le moins mauvais, celui qui nous « ennuyait » le moins. Était-ce ça, le fonctionnement de la vidéo linéaire ? Je l'ai pensé pendant un temps.

Ce qu'on appelle la « vidéo linéaire » est une vidéo qui continue de tourner en notre absence : si j'allume la télévision, je prends le programme en cours, il ne m'a pas attendu ; il est diffusé en simultané pour tout le monde, que la télévision soit branchée ou non. Donc si je veux voir un programme spécifique, il faut que je sois devant mon écran à l'heure ! C'est le programme qui décide du rendez-vous et non l'inverse.

La vidéo non linéaire, que l'on nomme souvent avec l'anglicisme VOD (*video on demand*), nous libère de cette contrainte pour regarder ce que l'on veut, quand on le veut. Ça a commencé par le *replay* de nos programmes favoris, puis avec les films récents, suivi des contenus façonnés à la maison par des créateurs du quotidien, Internet en général et enfin les plates-formes de type Netflix. Alors, c'est forcément mieux, non ?

À l'époque de la TNT, de Canal Satellite, de TPS et des autres offres de bouquets de chaînes, je n'ai pas eu l'impression d'entendre moins souvent le fameux « Y a rien à regarder à la télé en ce moment » que prononçait mon père chaque jour. L'offre s'était élargie, on parlait de plusieurs centaines de chaînes généralistes ou thématiques, et pourtant il n'y avait toujours rien de spécial à consommer le soir devant son poste. Et vous ? Ne vous arrive-t-il jamais de passer plus de temps à choisir votre film sur Netflix qu'à le regarder ?

De faire défiler les vignettes YouTube sans savoir laquelle sélectionner ? De fermer votre application de podcast pour mettre la radio, tellement vous ne savez pas quoi « écouter » ? C'est là tout le paradoxe de pouvoir choisir dans une offre trop large. Il y a moins de singularités, moins d'événements.

Trente ans avant que vous ne lisiez ce livre, les films aux cinémas étaient moins nombreux eux aussi. Le processus pour les voir chez soi, une fois passée leur exploitation dans les salles obscures, était long, très long. Le cinéma était protégé depuis des années par un système appelé « la chronologie des médias » ; cette histoire propre à la culture française est pleine de rebondissements, je vous invite à lire l'article de *Libération* paru sur le sujet il y a quelques années[8].

Au début des années 1980, la règle appliquée est à peu près la suivante : quand un film sort en salle, il est disponible à l'achat en cassette vidéo (et en diffusion sur Canal+) un an plus tard. Ensuite, la location dans les boutiques de cassettes vidéo (disparues depuis des années) est possible. Deux ans après la sortie en salle vous pouviez voir le film sur une chaîne française si, et seulement si, cette chaîne avait financé une partie de la production de l'œuvre. Sinon, trois ans après la sortie du film au cinéma, vous pouviez enfin le voir à la télévision dite « normale ». Et quatre ans après la première sortie en salle, vous pouviez y avoir accès en service VOD payant. Comprenez, ou souvenez-vous, que dans ces conditions d'attente, l'accès à un film était un véritable événement !

Aujourd'hui, il ne faut plus que quatre mois entre la première diffusion d'un film en salle et son arrivée sur les sites de vidéos à la demande payants (et même trois mois si le film a fait de mauvais

8. Guillaume Lecaplain, « La chronologie des médias, une histoire française bousculée », *Libération*, 13 mai 2017.

scores sur ses entrées au cinéma). Mais les plates-formes sur abonnement, qui ne sont pas soumises à un certain nombre d'engagements concernant le financement des créations cinématographiques françaises, doivent attendre 36 mois. C'est l'une des raisons qui ont poussé Netflix à financer ses propres créations originales, et en masse !

Certains se souviendront des semaines entières qui séparaient deux épisodes d'une série, de la trilogie du samedi soir qui ne respectait pas toujours l'ordre des diffusions, des premières intégrales vendues en VHS. Aujourd'hui, il devient presque inacceptable qu'une saison entière ne soit pas disponible d'un seul bloc sur Netflix.

Malheureusement, quand l'offre culturelle devient une offre de masse, elle s'homogénéise. Quand tout se ressemble, il n'y a plus d'excitation. Tout semble monotone, pourtant tout le monde a envie d'être partout, de ne pas être exclu : « Tu n'as pas vu cette série sur NextPrime+ ? Attends mais tu devrais, tout le monde ne parle que de ça ! » Mais il faut bien faire un choix, et ce choix a un prix cognitif (oui, oui, tout ce chapitre a quand même pour but de parler de l'attention !). Le simple fait de laisser sur le côté ce que vous n'avez *pas* choisi a un coût cérébral, sûrement celui qui vous coûte le plus.

Choisir, c'est renoncer, et personne n'est jamais sûr d'avoir fait le *bon choix.* Vous devenez responsable de votre choix et ça n'est pas confortable pour votre cerveau ! Si le contenu vidéo que vous choisissez ne vous plaît pas et que vous avez mis vingt minutes à vous en rendre compte : c'est votre faute. Si vous n'avez pas vu la série dont tout le monde parlera demain : c'est votre faute. Comme il est coûteux pour l'esprit de prendre une décision et de choisir quand l'offre est infinie, le plus simple est parfois de délaisser le divertissement, et ça, les plates-formes l'ont bien compris. On y reviendra dans deux chapitres, vous verrez, leurs méthodes sont redoutables !

Avant de parler des géants du numérique, autopsions le sujet de la culture. Qui dit « culture » dit « art » et qui dit « art » dit « œuvre ». Force est de constater qu'il y a de moins en moins d'œuvres et de plus en plus de divertissements.

Prenons en exemple une personne qui ne m'en tiendra pas rigueur (quoi que je dise sur elle) : c'est-à-dire moi. Sur ma chaîne YouTube, je veux trouver le juste milieu entre ce qu'il me fait plaisir de produire, ce que je veux profondément produire et ce que le public veut voir comme vidéos. Ça paraît évident, une fois écrit noir sur blanc, mais je vous assure qu'équilibrer ces curseurs est bien plus chronophage et énergivore que d'écrire, produire, tourner et monter la vidéo en question. À force de pratiquer cet arbitrage, je constate que seul le divertissement survit à l'industrie des vidéos YouTube. Il y a quelques exceptions, mais elles sont par essence rares et hors de mon analyse.

L'une de mes vidéos, qui traite du sens caché derrière des logos de marques bien connues du grand public, m'a demandé par exemple une petite heure de préparation, vingt minutes de tournage, aucun investissement financier et une heure de montage. Je vais être honnête, nous ne sommes pas sur une œuvre d'art, mais sur un divertissement sympa qui se veut un peu instructif. Cette vidéo a été visionnée 5 millions de fois et elle a généré 4 000 euros de chiffre d'affaires pour ma société (de quoi payer le salaire et les charges d'un assistant de production).

Il y a un an j'ai posté une vidéo sur la vie de Jean-Eugène Robert-Houdin, le fondateur de l'illusionnisme moderne, un Français qui a marqué cet art dans le monde entier. Ce documentaire m'a obligé à investir plusieurs dizaines de milliers d'euros en production et beaucoup de débrouillardise. Ce documentaire est - je le crois - une œuvre. Il plaît au public ou non, mais le fait est que la vidéo a une vision artistique, un propos, une réalisation soignée. Deux ans de travail, des jours et des jours de tournage, des semaines de montage ont été nécessaires pour créer la plus belle vidéo de mon écosystème. Un an après sa publication le documentaire affiche péniblement 200 000 vues et je n'irai pas dans le misérabilisme en vous donnant le chiffre d'affaires que la vidéo a généré.

Comparaison des performances : 5 millions de vues pour un divertissement, 200 000 vues pour une œuvre avec du sens. Si j'étais une entreprise comme les autres, qu'il n'y avait pas la passion du partage au cœur de mon travail, le calcul, au bénéfice de la rentabilité, serait vite fait.

Côté consommateur ? Tout le monde aime dire qu'il apprécie la chaîne Arte et ses documentaires, mais ce sont les émissions quotidiennes de Cyril Hanouna qui remportent le plus d'audience (ou des programmes d'information d'éditorialistes – on s'attaquera à cette partie dans le prochain chapitre). Pourquoi ces programmes raflent-ils la mise de l'audimat ? Parce que nous prenons moins de risques en sélectionnant un divertissement ! Le **coût de choisir**, c'est aussi le manque de gratifications cérébrales auquel on s'expose en ne choisissant pas un divertissement qui pourrait nous les offrir. On ne veut pas prendre le risque de s'infliger le pire des maux : celui de l'ennui !

Sommes-nous encore capables d'être contemplatifs ? De faire cet investissement ? Si je regarde, par exemple, le programme *LOL* sur la plate-forme Prime Video, je vais être certain d'être surpris régulièrement, de rire, ou même d'être indigné. Mon choix est un investissement rentable si je veux recevoir des sensations, des émotions vives, avec une fréquence ne laissant pas de place à l'ennui (donc ne me demandant pas d'effort pour rester attentif devant mon écran).

Même dans la consommation des produits domestiques, la surabondance fait rage et sature (volontairement) notre système cognitif. N'êtes-vous pas un peu surpris lorsque vous entrez dans un restaurant et que la carte ne propose que trois entrées, trois plats et trois desserts différents ? C'est pourtant un gage de qualité concernant les produits et la préparation des plats (du moins, c'est ce que j'ai entendu dans la bouche des grands chefs). Que penseriez-vous d'une grande surface qui limiterait le choix à trois références pour chaque produit ? Vous sentiriez-vous contraint par ce magasin ? Auriez-vous l'impression d'être privé de votre liberté de choisir ? Attendez, je vais faire un test…

> Je viens de faire un test de la plus haute importance ! J'ai tapé « papier toilette » sur le site Internet du service *drive* d'une célèbre enseigne (celle qui veut être un repère dans les produits pas chers…) : 23 résultats m'ont été proposés ! Franchement, comme je n'ai pas fait d'études approfondies sur les différentes qualités de ouate, je vais choisir une référence avec des critères proches du hasard (probablement un prix intermédiaire). Le problème de la surabondance des choix, c'est qu'une fois la décision prise, on peut rarement revenir en arrière. C'est de là que naît la crainte d'avoir pris la mauvaise décision, de se dire que l'on aurait pu faire mieux, que l'on aurait pu mieux choisir. Les « et si » se bousculent dans la tête pendant

et après la prise de décision. La crainte liée au perfectionnisme et le fait de ne plus avoir accès aux autres possibilités sont deux éléments qui provoquent un coût cognitif si fort qu'ils peuvent provoquer de l'anxiété, de la tristesse, allant même jusqu'à la dépression.

Résumons : **choisir a un coût**. Alfred de Musset disait : « Je puis délibérer et choisir, mais non revenir sur mes pas quand j'ai choisi. »

Plus l'offre est grande, plus le coût mental est élevé. Ce chapitre a probablement mis des mots sur des situations que vous vivez : Est-ce le bon choix pour les vacances ? Quel vélo je vais m'acheter ? Quelle série je vais entamer ce soir ? et ainsi de suite. Ces choix puisent dans l'énergie de votre capacité d'attention et de concentration quotidienne. Ces facultés ne sont pas des cornes d'abondance auxquelles vous pouvez vous abreuver toute la journée. Vous avez besoin de soulager votre esprit, et vous savez quoi ? vous pouvez compter sur la société de consommation pour prendre le relais et vous délester du reste de votre attention. Même dans des domaines que vous ne soupçonneriez pas, comme l'Information avec un grand I !

DE L'INFORMATION À L'INDIGESTION

Les gros boss de fin de niveau qui attaquent votre attention sont au nombre de trois. Pour vous parler du premier, nous devons faire un voyage dans le temps (ça en jette comme annonce, non ?).

En 1631 paraît le premier journal imprimé en France. Il s'appelle *La Gazette* et sert plus à délivrer des communiqués officiels qu'à informer ses lecteurs. Rapidement l'État met la main dessus et il servira d'outil de communication aux différents gouvernements jusqu'à la Première Guerre mondiale. Passé le conflit, *La Gazette* disparaît dans l'indifférence la plus totale.

Durant ces presque trois siècles, de nombreux concurrents voient le jour, le journal papier est le premier média d'information que connaît la société. La plupart d'entre eux vont miser sur l'économie de l'abonnement afin d'assurer une clientèle et d'optimiser les coûts en imprimant la juste quantité nécessaire pour couvrir le nombre d'abonnés. Ce système a ses limites. Difficile de trouver de nouveaux abonnés, alors qu'on pourrait vendre les titres restants à toutes les personnes potentiellement aptes à se délester de quelques pièces pour connaître les nouvelles du pays et du monde.

Avez-vous en tête l'image du jeune garçon, dans les rues du New York de 1912, un paquet de journaux sous un bras et agitant un exemplaire de l'autre bras ? Il crie : « Dernières nouvelles ! On a retrouvé le *Titanic* ! Achetez le journal ! » Il y a toujours un passant pour lui donner une pièce et s'offrir un exemplaire. Ce passant poursuit sa marche en ouvrant le journal, il ne trouve pas l'information promise sur le *Titanic*, mais se laisse happer par les autres gros titres qui, s'ils sont moins efficaces que celui que criait le garçon, attisent quand même sa curiosité. Cette vente à la criée est, selon moi, l'un des points de départ expliquant ce qu'est devenu le commerce de l'information aujourd'hui : un commerce d'attention.

En 2024, l'information est partout et nous n'avons même plus à payer pour y accéder ! Les informations gratuites ont commencé à prendre leur place à la télévision (le journal télévisé reste l'un des formats les plus suivis avec le plus de régularité), puis l'actualité est devenue un contenu sur Internet. D'abord sur des sites spécialisés, puis sur les réseaux sociaux. Entre-temps sont apparus les journaux gratuits, comme ceux que vous pouvez trouver aux abords des transports en commun. Quel est le business de ces entreprises ? Elles ne vendent pas de l'information puisque l'accès est gratuit. Elles vendent… des espaces publicitaires. Voilà le business qui se cache (à peine) derrière ce métier. Et comment vendre un espace de publicité aux marques ? En leur prouvant que l'on a une audience et surtout que l'on possède l'attention de cette audience. Vendre de l'information gratuite, c'est plutôt vendre l'attention d'un utilisateur à une marque. La citation anonyme[9] qui dit « **Si c'est gratuit, c'est que vous êtes le produit** » brille de vérité.

Le titre qui fait cliquer

« Putaclic », c'est l'expression que l'on utilise pour parler d'un titre sur Internet qui n'est pas conforme au contenu d'une vidéo ou qui exagère le contenu que l'on va y trouver. La consonance avec un mot français vulgaire est fortuite. Ce néologisme vient de l'anglais *put a clic*, soit « mettre un clic » dans la langue de Molière. Pour les médias gratuits présents sur le Web, la première statistique à présenter aux marques est le trafic de leur site Internet. Tous les coups sont permis pour vous faire cliquer !

9. Richard Serra et Carlota Fay Schoolman ont été les premiers à émettre cette idée en 1973 dans un programme vidéo critiquant la télévision.

L'une des techniques vise à capter votre attention en utilisant un titre volontairement négatif. Le biais de négativité va vous donner envie d'en savoir plus, nous sommes ainsi faits. Là où les tabloïds n'hésitent pas à pousser le vice en mettant des titres mensongers (qui leur valent des procès et des amendes déjà prévues dans leur comptabilité), les médias plus sérieux vont utiliser des pirouettes pour retomber sur leurs pieds.

Démonstration (et sans échauffement). Gros titre : « Fabien Olicard est-il un escroc ? » Cette question orientée me donne envie de cliquer pour savoir si je suis un escroc ! Alors que c'est moi qui viens de rédiger le titre. Mais que se passe-t-il si je clique sur cet article virtuel ? Je vais d'abord avoir un texte me rappelant le contexte, qui est ce « Fabien Olicard », et si possible citant des personnes connues ou n'importe quels mots-clés ayant un intérêt pour le référencement de l'article sur les moteurs de recherche. Quelque chose comme : « Fabien Olicard est un mentaliste, comme dans la série *The Mentalist* sur TF1, dont la voix française est interprétée par l'un des comédiens de la série *Plus belle la vie*. C'est sur la scène de L'Olympia, qui verra bientôt Christophe Maé en concert, que ce jeune passionné du cerveau se révèle. »

Plus loin dans le texte nous aurons enfin la réponse au titre de cet article : « Fabien Olicard s'amuse à dire sur scène que le mentalisme est à la frontière de l'illusionnisme et de la voyance : une sorte d'escroquerie honnête. Son spectacle, lui, n'a rien de l'escroquerie parce que... ». S'ensuivra tout le bla-bla inutile servant à justifier qu'une personne ait rédigé 800 mots pour faire une sorte d'article d'information.

Vous pensez que ça s'arrête là ? Cette technique a une conséquence encore plus perverse. La majorité des lecteurs ne vont pas cliquer, et leurs pensées, stimulées par l'émotion, vont mémoriser le contenu du titre au même titre que n'importe quelle donnée. Sans tenir compte de son caractère interrogatif. Souvenez-vous : combien font 2 + 2 ? Quatre bien sûr ! Pourtant une partie de votre cerveau se souvient d'un court instant où ça faisait 10… Malin !

Quand un utilisateur partage un lien sur les réseaux sociaux, seul le titre apparaît et il faut consentir à cliquer pour lire la suite du texte. En 2016, le site The Science Post a posté sur Facebook le lien d'un article dont le titre était : « Étude : 70 % des utilisateurs de Facebook lisent seulement le titre des papiers scientifiques avant de les commenter. » 46 000 personnes ont partagé le post d'origine sur leur propre page Facebook, parfois sans commentaire, parfois pour faire la morale à leurs amis. Sauf que l'article en question était pire que faux : il n'existait pas ! Si vous cliquiez dessus, vous tombiez sur une page comportant un texte latin dont l'on se sert dans le graphisme et l'édition pour mettre en forme la mise en pages en attendant le véritable texte (ce texte latin d'attente est communément appelé le *lorem ipsum*). Il n'y avait pas d'article. 46 000 personnes se sont empressées de partager un titre fort sans lire l'article, comme le dénonçait précisément le titre du faux article ! À ce niveau, la mise en abyme est presque une œuvre d'art.

> Une étude, scientifique cette fois, publiée en 2015, réalisée main dans la main par l'Institut français[10] et l'université de Columbia, démontre que plus un article est viral, moins il est lu ! 59 % des liens partagés sur X n'avaient pas été consultés par la personne à l'origine du partage.

Nous pourrions expliquer ce phénomène par des facteurs tels que le manque de vigilance ou le biais de confirmation (biais qui active notre attention sur ce qui confirme ce que l'on pense déjà). Mais le plus étonnant, c'est que cette évolution du système de communication de l'information ne sert même pas les enjeux financiers de ces organes d'information puisque plus un article est viral et moins il est lu ! Donc moins de trafic et moins de revenus publicitaires pour le fournisseur d'information.

L'information n'est jamais gratuite

Les médias gratuits travaillent donc plus sur le titre d'un article et l'image qui va apparaître que sur le contenu en lui-même. Je connais bien le souci pour être soumis à cette même règle lorsque je poste mes contenus sur Internet. L'information gratuite a tout fait pour manipuler notre attention jusqu'à la rendre flemmarde, heureuse de ne pas faire d'efforts et perdant l'habitude de creuser une donnée. La loi dictée par votre cerveau est : « Stimule-moi, offusque-moi ou passe ta route. »

Rajoutons à cela la course à la publication : plus un média gratuit poste tôt une information, plus il a de chances que ce soit son contenu qui devienne populaire. Cette précipitation engendre régulièrement des erreurs plus ou moins graves : des erreurs de chiffres, des fautes dans les noms, des accusations infondées et parfois

10. Un établissement public chargé de l'action culturelle de la France à l'étranger, à ne pas confondre avec l'Institut de France, qui regroupe les prestigieuses Académies.

des avis de décès erronés. Les concurrents écrivent leurs articles en se basant sur le premier qui a publié l'info, personne ne veut perdre sa place dans la course. L'information erronée se propage mais, heureusement, elle va être rectifiée ! Les correctifs sont en général rajoutés à la fin des articles. Vous savez ? le fameux article sur lequel personne ne clique et que peu de gens lisent en entier.

Le modèle économique de Google et de Facebook est basé à 97 % sur les revenus publicitaires[11]. Difficile de savoir pour les autres géants du secteur, avec les changements récents, mais je doute que l'option payante de X ou que celle encore plus récente de Meta (pour se conformer aux lois européennes) ait révolutionné les modèles de ces plates-formes.

Au cours des deux dernières décennies, près de 80 % des vendeurs de journaux ont disparu. À quoi bon acheter de l'information quand on peut la trouver librement ? Dans le même temps, quand Internet prenait son envol, les chaînes d'actualité en continu se sont multipliées. Difficile dans ce cadre-là d'utiliser la stratégie du titre aguicheur, mais on peut quand même opter pour la stratégie de l'information spectacle.

Si Fox News a fait ses preuves aux États-Unis, en France de nombreuses chaînes ne sont pas en reste. Captiver l'audience signifie créer la surprise, engendrer des réactions, jouer sur la négativité, offrir des moments de joie partagés. Si vous voulez lancer un média comme celui-ci, vous aurez intérêt à créer des débats très contradictoires, à avoir des témoignages poignants, à survoler l'information pour ne pas ennuyer l'audience, à cliver, à mettre en avant des opinions fortes et assumées. Il faudra peut-être veiller, également, à ne pas froisser les annonceurs pour s'assurer leur fidélité.

---

11. Anaïs Moutot, « Les revenus publicitaires de Facebook en forte hausse », *Les Échos*, 2 février 2017 ; Gennaro Cuofano, « Comment Facebook [Meta] gagne-t-il de l'argent ? Analyse du modèle commercial de Facebook 2024 », *FourWeekMBA*, 6 février 2024.

Récemment le média *Le Crayon* s'est illustré dans la création de contenus sans contexte, opposant volontairement des personnes aux opinions diamétralement opposées, sous la forme de vidéos courtes. Pas de contexte, pas d'avant, pas d'après. Des punchlines qui confirment notre opinion ou qui la choquent.

L'équilibre des curseurs

Le lien entre l'attention et l'information m'intéresse au plus haut point pour mon métier. En public, j'exerce dans deux conditions : les spectacles, depuis quinze ans, où les spectateurs achètent une place pour venir me voir ; les conférences, depuis vingt ans, où l'on impose ma présence à une audience (en général les employés d'une société). Ce que j'ai aimé, en commençant à faire mes spectacles dans les théâtres, c'est le pouvoir d'intéresser un public, venu avant tout pour s'amuser, à des domaines de sciences qui les rebutent habituellement.

J'avais construit mes spectacles sur un principe basique : les mammifères apprennent en jouant. L'être humain fait de même et s'instruit mieux par l'expérience et une dimension ludique. Mes spectacles ont donc un passager clandestin : une cargaison de savoir que je tente de distiller et de transmettre pendant la représentation. Je pense qu'il y a 80 % de show et 20 % de savoir dans les deux heures au cours desquelles je déroule mon spectacle.

Mes conférences sont plus calmes. Elles visent à transmettre un savoir, une expérience, et à faire en sorte que le public reparte avec des connaissances utiles pour la vie quotidienne ou pour le travail. Pour autant, je m'attache depuis deux décennies à mettre du rythme et à instiller des moments divertissants avec l'audience, toujours sur le principe de l'apprentissage ludique. Mes conférences durent une heure (je connais les enjeux de l'attention et de la concentration). Il y a vingt ans, mes conférences étaient équilibrées à 80 % d'information pour 20 % de show, de divertissement. Aujourd'hui, je suis à 60/40 %, et parfois je pousse jusqu'à l'équilibre pour m'assurer l'attention de l'audience. C'est un constat personnel qui m'inquiète sérieusement.

Comment continuer à faire circuler le savoir, l'information et la connaissance si en face nous n'avons plus les capacités pour les recevoir ?

Ce chapitre est à l'image de cette partie, un état des lieux de notre société face à l'attention. Je vous proposerai des solutions dans les autres parties du livre, mais pour ce qui est de votre consommation de l'information (au sens des actualités), je vous recommande de vous abonner à un magazine (physique ou virtuel) payant, apolitique, sourcé. Et, surtout, je vous invite à résister à l'envie de faire circuler l'information gratuite d'une manière générale.

Tim Ferris disait que, pour gagner du temps, il ne lisait plus les informations. Il demandait simplement à son entourage ce qu'il y avait à savoir sur le monde en ce moment. Il obtenait ainsi les grandes lignes de l'actualité sans revoir les mêmes informations en boucle dans tous les médias gratuits. Malin.

PANEM ET CIRCENSES : DONNEZ-LEUR DU PAIN ET DES JEUX !

Les jeux, d'une manière générale, sont de très bons alliés pour le cerveau. Ils stimulent la mémoire, l'attention et la capacité d'analyse.

Certains d'entre eux font également appel à vos réflexes. C'est une saine activité. Les jeux vous demanderont d'apprendre régulièrement de nouvelles règles, de découvrir un univers et d'élaborer des stratégies. Lorsque nous jouons, notre cerveau nous récompense en générant du plaisir, surtout lorsque l'on gagne ! Il existe même des jeux de société qui se pratiquent seul (je vous avoue que je suis très consommateur de ce genre de jeux et nous vivons actuellement une époque très créative dans ce secteur). Dans notre quête de l'attention, faisons un détour sur les jeux les plus utilisés : ceux présents sur les téléphones portables.

Le premier à avoir marqué les esprits fut le jeu du serpent, le *Snake*, qui rendait si spéciaux les chanceux propriétaires d'un Nokia 3310. Le jeu du serpent est apparu sur les ordinateurs personnels dès les années 1970 et, en 1997, la marque Nokia a la brillante idée de l'installer d'office sur tous leurs téléphones. D'abord sur le Nokia 6110, puis sur le légendaire 3310 qui va s'écouler à 125 millions d'exemplaires. Ce jeu était addictif. À la fin d'une partie, on voulait en refaire une directement. Certaines personnes y jouaient tellement que, le soir, en fermant les yeux dans leur lit, elles voyaient le serpent se mouvoir dans un écran imaginaire. Comment expliquer ce succès ? Des graphismes plus que basiques, un concept compréhensible en quelques secondes, mais surtout : l'envie de faire mieux. Dans ce jeu, le joueur dirige un « serpent » qui va se nourrir de pixels et grandir au fur et à mesure. Plus la partie avance et plus le « serpent » va prendre de la vitesse. Finalement, on a l'impression de perdre « bêtement » à cause d'une petite erreur de manipulation ou d'un réflexe trop lent. C'est suffisant pour avoir envie de relancer une « dernière partie », vite fait, en attendant la prochaine !

Lorsque ce jeu est devenu populaire à la fin des années 1990, c'était bien loin d'être dans les prévisions de son créateur. Taneli Armanto, ingénieur chez Nokia, a implanté le jeu dans le logiciel du Nokia. Il a reçu pour ce fait d'armes un prix en 2005 à Londres au Forum du divertissement mobile. Il a déclaré : « Quand nous avons créé *Snake* pour le Nokia 6110, nous voulions permettre aux gens de se divertir, mais nous n'avions jamais imaginé que le jeu deviendrait un classique du mobile. »

La technologie a beaucoup évolué depuis, au point que les jeux mobiles sont devenus une industrie représentant 50 % du marché des jeux vidéo en 2023 pour un chiffre d'affaires mondial de plus de 92 milliards de dollars en 2023[12]. On pourrait croire que la portabilité de ces jeux, toujours disponibles dans notre poche, explique ces chiffres. Chaque jour, les utilisateurs de smartphones passent en moyenne 1 h 30 min sur leurs jeux mobiles. Cette catégorie d'application se place très haut sur le podium du temps passé sur nos téléphones portables, avec pour seul réel concurrent sérieux les réseaux sociaux. En voici les véritables raisons.

L'apparition de la captologie

En 1996, au cœur même de la Silicon Valley, un nouveau terme apparaît dans la prestigieuse université de Stanford : *captology*. Un domaine de recherche visant à exploiter les liens existant entre le changement de comportement d'une personne, ses motivations et l'informatique. La captologie est utilisée par exemple pour optimiser l'utilisation de pages Web. Google, Facebook ou bien sûr Amazon en sont les champions et n'ont rien laissé au hasard. Ces géants ne cherchent pas à « faire beau », mais à être fluides, efficaces et surtout à encourager les utilisateurs à rester sur leurs applications ou à revenir dessus. Sans le savoir, vous êtes guidé dans votre usage.

12. Rapport de Newzoo sur le marché mondial des jeux vidéo, Agence française pour le jeu vidéo, 10 août 2023.

Dans le monde réel, il y a deux manières d'optimiser son magasin en modifiant le parcours des clients :

➧ Tout d'abord la méthode popularisée par Ikea, où l'on va créer un parcours dès le seuil de la porte. Ce chemin est pratique à emprunter, il ne demande aucune réflexion, aucune prise de décision. Le magasin fera en sorte de vous faire passer dans tous ses rayons, de vous montrer les meilleures mises en scène de ses produits. Plus vous passerez de temps dans le magasin, plus vous serez susceptible de rajouter des choses dans votre panier ! Il faut également mentionner que ne pas suivre un chemin balisé demande un effort pour le cerveau, et personne n'a envie d'être celui qui se distingue en jouant au saumon qui remonte le courant. Si on bloque le passage en ne suivant pas le tracé, on peut ressentir une gêne. Comme si l'on faisait quelque chose d'interdit.

Souvenez-vous de l'une de ces fois où vous faisiez la queue quelque part, vous attendiez sagement que votre tour arrive, et quelqu'un est arrivé et s'est placé devant vous. Au début vous vous demandiez s'il regardait quelque chose ou s'il était en train de resquiller. Dur de le savoir puisqu'il n'a jamais jeté un seul regard dans votre direction ou dans celle de la file. Et finalement il a vraiment pris la place devant vous. Vous avez peut-être réagi immédiatement ou avec un délai. Vous avez peut-être juste soupiré un peu fort ou marmonné « Bah, faut pas se gêner » assez fort pour avoir le sentiment d'avoir réagi, mais assez doucement pour ne pas amorcer réellement le conflit. Dans tous les cas, c'est parce qu'il est énergivore d'être celui ou celle qui va se démarquer dans la foule en faisant un scandale que vous n'avez rien dit. C'est aussi pour ça que beaucoup de personnes suivent le tracé chez Ikea.

➧ À l'opposé, il y a la technique de chez Harrods, à Londres. Entrer dans ce magasin revient à pénétrer dans le terrier du lapin blanc. On se perd, on est désorienté et... on aime ça. Des petits espaces à thème succèdent aux halls gigantesques, une surprise vous attend derrière chaque encadrement de porte. Impossible de s'y retrouver dans ce labyrinthe rempli de merveilles. Si tant est que vous ayez un profil « complétiste[13] », vous mettrez un point d'honneur à essayer d'être sûr d'avoir tout vu.

Les spécialistes en captologie ont mixé ces deux manières de faire pour les trois sites que je vous ai cités. Amazon, Google et Facebook sont aussi faciles à suivre qu'un magasin Ikea, mais vous proposent toujours quelque chose que vous n'aviez pas prévu, comme chez Harrods.

Lorsque la captologie s'est attaquée aux jeux sur les téléphones portables, les domaines de compétences qui la formaient étaient déjà bien avancés – spécialistes du marketing, experts de la neuro-économie, scientifiques, analystes, statisticiens, etc. Il ne restait qu'à développer des jeux sympas ou des jeux originaux. Il fallait créer des jeux où l'on reste, où l'on revient, où l'on dépense. Des jeux où l'on consomme de la publicité, où l'on invite les autres utilisateurs à jouer. Et comment peut-on faire ça ? En manipulant le cerveau des joueurs.

Ces jeux se sont d'abord orientés **dopamine** ! Cette petite molécule sympa est fabriquée par votre cerveau pour vous donner du plaisir et de la motivation. C'est en partie grâce à cette molécule que

13. Une personne qui cherche à terminer une tâche à 100 %, en incluant des actions qui ne sont pas primordiales pour l'objectif.

l'humain se dépasse, qu'il sort de sa zone de confort pour s'accomplir, évoluer ou encore chercher les ressources qui lui manquent. Mais cette molécule possède un « léger » défaut : elle crée de l'addiction. C'est le revers de la médaille. Et c'est surtout le bon moment pour parler plus en détail du circuit de la récompense.

LE CIRCUIT DE LA RÉCOMPENSE

Faire une découverte scientifique par hasard porte un nom : la sérendipité ! C'est en ratant la formule d'une colle extraforte que les Post-it ont été créés, l'utilisation du Viagra telle qu'on la connaît est un effet secondaire d'un médicament pour les maladies respiratoires, et la découverte de la pénicilline résulte d'une maladresse sur une table de travail.

Justement, c'est en voulant faire des recherches sur le centre de vigilance du cerveau qu'a été découvert, dans les années 1950, le centre du plaisir. Nous sommes à Montréal, en 1952, à l'université McGill. Milner est professeur et encadre Olds pour les travaux de recherche nécessaires à son doctorat. Olds veut essayer de stimuler une région du cerveau des rats, à l'aide d'électrodes, pour que les rongeurs évitent naturellement certaines zones de leur enclos. La stimulation se fait à l'arrière de l'hypothalamus, à l'endroit où se trouve le centre de vigilance. (Nous pourrions parler de ces animaux sacrifiés au nom de la science, mais nous sortirions du sujet initial. Contentons-nous de dire qu'à cette époque nous n'avions pas la même conscience animale que de nos jours.) À chaque fois que les rats allaient dans le secteur cible de l'enclos, cette zone de leur cerveau était stimulée par un courant électrique. Aucune douleur (le cerveau ne comporte pas de récepteurs de douleur), mais, avec cette activation de la zone de vigilance, les rats quittaient immédiatement le secteur, comme s'ils avaient perçu une menace, et surtout ils n'y revenaient plus. L'expérience était un succès, tous les rats réagissaient comme prévu.

Tous ? Non. L'un d'entre eux résistait encore et toujours à la stimulation. Un rat qui au contraire retournait dans la zone et activait ainsi son électrode. Olds pensa dans un premier temps que le rat était moins sensible que ses congénères, et il augmenta l'intensité électrique dans l'électrode. Mais plus il augmentait la dose et plus le rat retournait rapidement à l'endroit qu'il était censé fuir.

Pour comprendre ce qu'il se passait, Olds procéda à l'autopsie de l'animal. Il découvrit qu'il avait commis une erreur. L'électrode n'était pas là où elle aurait dû être, mais quelques millimètres à côté, assurément dans une zone provoquant quelque chose de l'ordre du plaisir au vu du comportement du rat. Le doctorant et son professeur mirent alors en place une expérience dédiée à cette découverte fortuite. De nouveaux rongeurs, avec une électrode plantée dans ce qui se révéla être le cortex septal, furent déposés dans une cage contenant un levier. Ce levier était directement relié à un système de stimulation électrique, lui-même relié à leurs électrodes individuelles. Si le rat actionnait le levier, le courant activait le centre du plaisir du rat. Les résultats ont rapidement dépassé toutes les prédictions qu'avaient pu estimer les chercheurs.

Ce n'est pas la première fois que des expériences faites sur les rats impliquaient qu'ils obtiennent une récompense en échange d'une action. Trouver de la nourriture à la fin d'un labyrinthe par exemple est une bonne motivation pour tester l'aptitude des rats à mémoriser un trajet. Mais, dans cette nouvelle expérience, les rats activaient sur une seule journée le levier deux cents fois par heure (en moyenne) ! Dans les plus hautes statistiques, certains rats ont activé le levier cent fois en une minute, soit presque deux fois par seconde ! Plus troublant encore, l'augmentation de l'intensité de la stimulation électrique ne ralentissait pas leur volonté d'activer le levier. La charge était parfois tellement forte que certains rats étaient littéralement projetés à l'autre bout de la cage, mais dès qu'ils reprenaient leurs esprits, ils se précipitaient de nouveau sur le levier pour recevoir un nouveau choc.

Une addiction au levier était née. Les priver du levier pouvait rendre les rats agressifs. Couper la « récompense » les amenait à activer le levier frénétiquement pour rien. Pire encore, les besoins primaires étaient complètement ignorés. Les femelles pouvaient délaisser leurs portées pour aller s'autostimuler. La plupart des rats préféraient ne pas manger, quitte à en mourir. Seul le sommeil ne pouvait être évité, mais il était réduit à son strict minimum pour vite aller chercher sa dose.

Depuis les années 1950, les scientifiques ont découvert d'autres zones responsables du plaisir d'un point de vue général ou associé à des actions précises (comme le soulagement de la soif par exemple). C'est en partie pour donner suite à ces travaux et à l'utilisation contestable des rats dans les expériences, que des progrès ont été faits dans la compréhension de l'addiction. **C'est la notion de plaisir liée à la libération de dopamine dans le cerveau qui en est la principale cause**.

Comment font les jeux mobiles pour exploiter notre circuit de la récompense ?

Mettons de côté les jeux payants. Je parle des véritables jeux où le fait de donner une somme d'argent permet d'avoir le jeu à 100 %, sans limitation dans l'utilisation et sans bonus possibles dans le jeu en échange d'une contrepartie financière. Il nous reste les jeux gratuits ou peu coûteux (mais incluant des achats à l'intérieur du jeu pour pouvoir en bénéficier pleinement).

La première technique consiste simplement à **offrir un échantillon**. Mais là où les magasins de parfums vous donnent ce qui est visiblement une dose d'essai, les jeux font semblant d'être complets. Vous n'avez pas l'impression de recevoir une version limitée. C'est comme si vous receviez un flacon de parfum entier, sans savoir que dans quelques jours son odeur tiendra de moins en moins longtemps et qu'il vous faudra payer pour augmenter sa performance (qui restera quand même en dessous de sa performance initiale).

La deuxième technique visant à **détourner votre attention est de vous faire gagner vite et longtemps**. Vous allez enchaîner une dizaine de niveaux, voire plus, sans grande difficulté. Le jeu aura des couleurs vives, un principe de base très simple à comprendre qui viendra s'étoffer par la suite et vous allez cumuler les victoires. Vous avez alors l'impression de mériter vos réussites, peut-être même penserez-vous avoir développé une technique particulière (c'est un biais cognitif appelé « l'illusion de compétence »). Comme au casino, les joueurs les plus addicts ont souvent commencé leur carrière à la machine à sous par un gain fortuit et ont depuis l'impression qu'en reproduisant les mêmes conditions, sur la même machine, ils pourraient gagner de nouveau. Sauf que pour les jeux sur mobiles, pas de place au hasard : il faut que vous gagniez pour qu'ils puissent enclencher la dernière technique.

La troisième technique commence par **activer votre circuit de récompense**. Les niveaux des jeux sont souvent notés avec des étoiles, entre une et trois, en fonction de la qualité de votre réussite. Il ne s'agit plus de gagner un niveau, mais de faire le meilleur score pour obtenir les trois étoiles. Quelle satisfaction ! Et comme les premiers niveaux sont faciles, vous commencez à forger une chaîne de réussite où il est très désagréable d'imaginer un maillon à 1 étoile au milieu des niveaux à 3 étoiles.

D'autres méthodes vont être utilisées. Comme celle de la **récompense quotidienne**. Oui, votre fidélité est *récompensée* ! Si vous jouez chaque jour, vous allez débloquer des bonus. Les temps de rechargements de certains bonus ou de certaines parties vous demanderont également de revenir plusieurs fois dans une même journée. Le but est logique : **créer une habitude**. Celle où, à chaque fois que vous aurez un moment, vous serez tenté d'ouvrir le jeu pour récupérer vos bonus et, pourquoi pas, faire une petite partie. Petite car les niveaux sont pensés pour être rapides. Vous n'avez pas à arbitrer mentalement sur le temps que vous avez pour jouer puisque ça ne vous prendra qu'une minute, et encore une, et encore une…

Certains de ces jeux vous permettent de bâtir des choses. Plus vous bâtissez, plus cela prendra de temps pour que la construction soit terminée. D'autres jeux vous proposent un nombre de parties limité par jour, limitation qui commencera seulement une fois l'habitude installée et que votre circuit de récompense sera addict au jeu.

Jouez souvent, jouez longtemps

Tout est pensé, scientifiquement, pour que l'utilisateur joue souvent et longtemps. Dans un premier temps, les jeux sont fluides et simples.

Pour être rentables, ces jeux gratuits ont une régie publicitaire très active. Plus vous passez du temps à enchaîner les niveaux, plus vous devrez regarder des publicités (souvent pour d'autres jeux, dont les publicités utilisent aussi des principes psychologiques pensés pour capter votre attention). Mais ça n'est pas le plus rentable pour cette industrie. Il faut qu'ils vous incitent à faire des achats dans l'application. Vous aurez la possibilité d'acheter des options pour aller plus vite, pour être plus fort et surtout pour moins attendre. Les paiements sont toujours faits dans une unité qui est la monnaie du jeu (des diamants, des pièces d'or, etc.). Cette monnaie virtuelle veut vous faire oublier qu'il s'agit de véritables euros. Dans les premiers niveaux, le jeu va vous offrir de petites sommes de cette monnaie pour vous habituer à vous en servir (J'ai même vu des jeux qui obligeaient le joueur à dépenser sa monnaie virtuelle offerte au départ, afin de lui faire réaliser sa « première fois » dans la boutique).

Simplifions l'équation pour voir l'étape où tout se déclenche : des niveaux faciles, du plaisir, des niveaux faciles, du plaisir, des cadeaux en monnaie virtuelle, des niveaux faciles, du plaisir, et tout à coup… un niveau difficile ! Une sensation nouvelle (et désagréable) vous envahit et vous incite à acheter un bonus pour gagner.

Si tout est aligné, vous ferez partie des 2 % de joueurs qui font un achat avec leur carte bancaire au moins une fois dans ce genre d'applications. En 2016, le cabinet Swrve a publié les résultats d'une étude réalisée sur des dizaines de millions de joueurs grâce aux données des jeux. Il en ressort que 0,19 % de joueurs d'un jeu génère 48 % du chiffre d'affaires du jeu. Les 52 % restants du chiffre d'affaires sont obtenus grâce aux publicités visionnées par les 99,81 % de joueurs restants. Pas de quoi inciter les sociétés de production à être plus éthiques vis-à-vis de votre attention.

Renforcer l'addiction, de l'attention contre de l'argent

La plupart des jeux vont également utiliser un système de gratification simpliste : **les félicitations.** Quelles qu'elles soient. La plus petite de vos réussites va générer des compliments sous forme de mots mais aussi d'animations, de couleurs et de sons. L'application veut encore stimuler votre circuit de récompense.

À l'université de Columbia, un traitement bloquant certains récepteurs de dopamine a été testé sur des rats. Les rongeurs étaient enfermés dans une cage équipée d'un levier, comme dans l'expérience décrite sur le circuit de la récompense. Si le levier était activé, une pastille de sucre était libérée. Les rats allaient donc se servir à la demande de ces friandises. Une autre version a été testée, des lumières clignotantes et des sons étaient prévus au niveau du bac à friandises. Une routine lumineuse et sonore se déclenchait lorsque le levier était activé. Rapidement, les rats piégés dans ce système se sont servis beaucoup plus fréquemment. Ils avaient développé une addiction au sucre dans les deux cas, mais pour ceux enfermés dans cette simulation de casino, l'addiction avait été décuplée par le renforcement sensoriel.

Il est possible que vous sachiez déjà, en surface, ce que j'explique. Je veux que vous compreniez que rien n'est laissé au hasard. Certains de ces jeux peuvent rapporter jusqu'à un million de dollars par jour. Je vous l'avais dit : **votre attention vaut de l'or.**

Dernièrement j'ai pu observer une mode concernant la promotion de ces jeux gratuits. Au lieu d'avoir une publicité vantant les mérites du jeu, vous pouvez voir une partie se dérouler sous vos yeux où le joueur finit par perdre alors que vous, vous aviez compris exactement ce que le joueur aurait dû faire… Vous avez trouvé la solution sans y penser vraiment (un peu comme lorsque je vous proposais de regarder un mot en essayant de ne pas le lire, c'est automatique). Si vous doutez de l'impact de cette méthode, repensez aux fois ou quelqu'un n'arrivait pas à ouvrir un bocal ou une bouteille et que vous avez dit : « Passe-le-moi, je vais le faire. » Lorsque le joueur de la publicité rate de façon stupide, il fait naître en vous une envie impérieuse de réussir à sa place.

> Refusez d'être le cobaye de ces concepteurs de jeux gratuits. Nous avons tous la même psychologie et nous sommes tous sensibles à ces méthodes. Je fais partie de ces rats qui peuvent se perdre à aligner des bonbons pendant des heures. Je n'ai trouvé qu'une seule solution : dès que je sens qu'un jeu génère une emprise anormale sur moi, gratuit ou payant, je le désinstalle. C'est la seule solution viable et militante pour se protéger.

LES FLÉAUX SOCIAUX

Vous pourriez avoir le sentiment que cette partie de l'ouvrage est une guerre à ce qui vous procure du plaisir. Je vais être honnête, il y a un peu de ça. Comme le fumeur qui dit : « Je vais prendre ma dose de cancer » en rigolant pour sortir fumer sa cigarette, nous ne devons plus nous cacher derrière des phrases telles que : « Ça me fait du bien, c'est mon petit plaisir. » **Nous tentons de justifier**

nos addictions pour éviter une dissonance cognitive, quitte à scroller tout en discutant à table avec des amis. Pourquoi ? La conversation n'est pas assez rythmée ? Il y a de ça aussi...

Les réseaux sociaux ont contribué à vous faire croire que le monde qui vous entoure n'est pas assez stimulant dans son ensemble. Personnellement, j'aime les réseaux sociaux ! J'aime la technologie, la connectivité. Je suis friand des innovations dans le domaine. Et j'ai dû me maîtriser pour continuer à faire ce que j'aimais vraiment. J'insiste sur le terme « vraiment », car personne ne veut *vraiment* passer plusieurs heures par jour à scroller sans but.

Le réseau MySpace a été fondé en 2003 par Chris DeWolfe et Tom Anderson (si vous êtes assez âgé pour avoir connu MySpace, Tom est le gars que nous avions tous automatiquement en premier ami sur la plate-forme). Un an plus tard Facebook voyait le jour à Cambridge aux États-Unis, lancé par Mark Zuckerberg et quatre de ses amis. Le but de ce qui s'appelait « The Facebook » était noble : permettre aux étudiants d'Harvard de se retrouver sur Internet pour discuter, échanger et prévoir leurs soirées. La base même d'un réseau social.

Le site connaît un franc succès et l'inscription est étendue à d'autres universités comme celle de Yale ou de Columbia (oui, la même université qui a inventé par la suite le casino à sucre pour les rats). Rapidement le site est implanté dans toutes les universités nord-américaines pour qu'enfin, un an et demi après son ouverture, Facebook soit accessible à n'importe quel utilisateur dans le monde.

> Souvent considéré comme un génie de l'informatique, le grand public ignore souvent que Mark Zuckerberg étudiait à Harvard l'informatique, mais aussi la psychologie. Son loisir était la programmation, et c'est sur son temps libre que lui est venue l'idée de créer FaceMash ! Un site qui référençait les photos de toutes les étudiantes d'Harvard et qui permettait à l'utilisateur de comparer deux photos choisies aléatoirement pour déterminer laquelle était la plus belle. Ce site sera fermé par Harvard qui y trouvera (à juste titre) une morale douteuse, mais c'est ce premier succès localisé qui va donner à Mark l'envie de créer un véritable réseau social, où chacun pourrait créer son profil d'utilisateur personnel, pour, comme il l'explique, « favoriser les interactions sociales authentiques ».

Ce que je tente de rappeler ici, c'est que les origines de ces détracteurs d'attention sont souvent empreintes de valeurs à l'opposé de ce qu'ils sont devenus. Personne n'a voulu au départ que l'information gratuite, que les jeux gratuits ou que les réseaux sociaux gratuits soient autre chose que des moyens de culture ou de loisir. Le mot « gratuit » semble être le point commun à tout cela, mais nous verrons dans le chapitre suivant que ça n'est pas un critère éliminatoire.

Le développement de Facebook et la loi du marché ont fait grossir ce réseau social. Au point que, depuis vingt ans, il soit le leader en nombre d'utilisateurs, profitant de sa place de numéro un pour éliminer les acteurs émergents (en les rachetant, comme WhatsApp ou Instagram, ou en les écrasant).

Si Mark Zuckerberg semble spécial, il ne dégage pas pour autant l'image du businessman prêt à tout pour réussir. Pourtant, on peut se poser des questions lorsque l'on constate que Cameron et Tyler Winklevoss l'avaient contacté avant la création de Facebook pour créer HarvardConnection, un réseau social exclusivement réservé aux personnes inscrites à Harvard ! Mark a travaillé sur HarvardConnection, le véritable ancêtre de Facebook, puis a quitté ce projet pour lancer Facebook seul. En 2008, l'affaire a été portée en justice par les frères Winklevoss et s'est résolue à l'amiable (contre 65 millions de dollars et quelques actions de Facebook, une transaction non négligeable).

Dès l'instant où l'argent est devenu un enjeu, à partir du moment où des actionnaires ont commencé à réclamer des performances financières, Facebook et ses descendants ont changé en profondeur. Leur métier n'était plus de fournir un outil d'interaction sociale, mais d'avoir plus d'utilisateurs passant toujours plus de temps sur la plate-forme, pour vendre de la publicité aux annonceurs. Les algorithmes se sont affinés, s'améliorant pour comprendre ce qui vous plaît à vous – en tant qu'utilisateur individuel –, et ce qui génère beaucoup d'engagement[14] pour plaire à un large public.

La nécessité des algorithmes

Prenons pour exemple YouTube, lancé un an après Facebook. La plate-forme, créée par trois anciens employés de PayPal, a rapidement tapé dans l'œil du géant Google qui l'a rachetée un an après sa création pour 1,65 milliard de dollars. Propulsé par Google et favorisé par le moteur de recherche, YouTube est devenu incontournable à tel point qu'il est utilisé en 2020 par 2 milliards de personnes différentes chaque mois. Il est alors impossible de laisser autant d'utilisateurs dans une jungle de vidéos dont le nombre ne fait que croître.

14. L'engagement sur les réseaux sociaux correspond aux actions des utilisateurs vis-à-vis d'une publication (likes, commentaires, partages, etc.).

Dans un premier temps, les vidéos que YouTube vous proposait étaient basées sur trois critères : les chaînes auxquelles vous étiez abonné, les vidéos ayant cumulé beaucoup de vues, et les contenus semblant similaires à ce que vous regardiez habituellement. Le nombre de créateurs de vidéos a explosé, tout le monde a voulu tirer son épingle du jeu et les titres mensongers ont commencé à apparaître (souvenez-vous, comme pour les journaux qui se vendaient dans la rue, à la criée). Tout le monde voulait son clic. Et un clic était considéré comme une vue. Je simplifie à peine.

YouTube a réagi en mettant en avant les contenus ayant le plus d'interactions (likes, commentaires) et plus récemment en valorisant le pourcentage de visionnage de la vidéo. Si quelqu'un clique sur une vidéo et qu'elle n'est regardée qu'à 10 %, ce n'est pas un gage de qualité, mais si la vidéo est « consommée » à 80 %, alors la plate-forme a toutes les raisons de penser que le contenu est qualitatif.

Vous êtes peut-être en train de vous dire que c'est une bonne chose, que YouTube est sympa d'avoir pensé à ses utilisateurs. La raison cachée derrière ces changements est que les utilisateurs délaissaient la plate-forme plus rapidement qu'avant. Si un utilisateur clique sur trois vidéos pour se divertir et qu'il les quitte car elles ne correspondent pas à son envie, il risque de fermer l'application pour aller voir ailleurs. Et ça, ce n'est pas bon pour les annonceurs et les affaires.

YouTube a encore évolué (sachez que les algorithmes évoluent chaque jour), et maintenant le pourcentage de visionnage est mis en relation avec la durée de visionnage, parce qu'il faut que vous restiez dans le bocal ! Si, pour les jeux mobiles, les joueurs sont parfois considérés comme des rats de laboratoire, les réseaux sociaux considèrent leurs utilisateurs comme des poissons qui ne doivent pas quitter l'aquarium trop vite. Une vidéo a alors plus de chances d'être mise en avant si elle dure vingt minutes, même si elle n'est visionnée qu'à 50 %, qu'une autre vidéo qui dure dix minutes et qui est visionnée à 80 %. Google veut que vous restiez longtemps, au point de « punir » la dernière vidéo que vous aurez regardée avant de quitter YouTube, car après tout c'est peut-être elle qui vous a fait sortir du bocal !

Seule exception au moment où j'écris ces lignes, l'arrivée de Threads. On pourrait l'appeler « le Twitter d'Instagram ». Pour le moment, la publicité en est quasiment absente et il semblerait que l'on voie ce que l'on a demandé de voir. C'est une stratégie classique, laisser le nombre d'utilisateurs grossir avant de prendre les choses en main pour rentabiliser l'investissement de départ.

Comme pour les jeux sur téléphone, des personnes recherchent comment optimiser le système pour vous rendre addict, quitte à ne plus remplir la promesse initiale d'« interactions sociales authentiques ». D'ailleurs, n'avez-vous pas remarqué que vous voyez moins souvent les publications Facebook, Instagram ou YouTube des personnes que vous aviez pourtant décidé de suivre ?

Mieux vous comprendre pour mieux vous vendre

YouTube veut que vous restiez devant des vidéos pour vendre ses publicités ainsi que pour collecter des données (dans le jargon, on utilise le mot « data ») qui vont servir à Google directement ou indirectement par le biais de reventes. Rassurez-vous, ils n'ont pas le droit de revendre nominativement vos data, mais ils n'ont pas besoin de votre nom pour savoir quel type de consommateur vous êtes.

> Imaginez que je me place dans une rue piétonne de mon centre-ville tous les jours pendant un mois. Muni d'un calepin, je note la fréquentation de cette rue. Combien d'hommes et de femmes passent, le pourcentage de chaque tranche d'âge. Je vais

également inscrire qui possède un parapluie quand il pleut, et qui s'arrête dans la boulangerie pour prendre un sandwich entre 11 h 30 et 13 h 30. Si je peux, je noterai aussi la facture moyenne à la boulangerie. Tant que j'y suis, j'écrirai aussi le nombre de personnes ayant un chien et l'heure à laquelle il y en a le plus. Imaginez le nombre d'informations que je peux collecter. Aucun nom, aucun prénom, mais des données complètes sur la fréquentation de cette rue. Pensez-vous que ces informations pourraient avoir une valeur marchande pour une société souhaitant s'installer ou investir dans les panneaux publicitaires de cette rue ?

C'est en **observant** votre consommation de vidéos que YouTube vous connaît, et qu'il peut **collecter des données** et vous **recommander** des vidéos susceptibles de vous faire rester (veuillez noter que je n'ai pas écrit « vous intéresser »). Les vidéos qui peuvent faire qu'une audience reste sont les vidéos qui génèrent de l'émotion et qui sont partageables. Quelque chose d'exceptionnel (Casey Neistat qui fait du ski dans New York), quelque chose de révoltant (un clash entre deux personnalités), quelque chose stimulant votre empathie (une vidéaste en pleurs après une rupture) et pourquoi pas quelque chose de faux, mais d'intrigant (un documentaire expliquant que la Terre est plate).

Twitter va plutôt exploiter le FOMO (*fear of missing out*), la **peur de rater une information, un événement**. Cette peur réelle, que l'on peut constater biologiquement dans le cerveau, va rendre les utilisateurs dépendants à la plate-forme. Il n'y a pas de « petits utilisateurs » de X (ex-Twitter) : soit vous y allez très souvent, soit vous y allez très rarement. En clair, soit vous êtes tombé dans le bocal, soit vous avez réussi à l'éviter. Pour ceux qui nagent à l'intérieur, le système fonctionne ainsi : plus les utilisateurs vont réagir à un tweet, plus le tweet sera recommandé à ceux qui suivent le créateur d'origine, puis à ceux qui suivent ceux qui ont eu une interaction avec le tweet, puis au reste de X. Et sur X comme ailleurs, **ce qui fait réagir, c'est le conflit.**

Léon Zitrone, homme de la télévision française des années 1960 jusqu'aux années 1990, avait dit : « Qu'on parle de moi en bien ou en mal, peu importe. L'essentiel, c'est qu'on parle de moi ! » C'est la même chose pour les tweets. **Peu importent les réactions qu'ils provoquent, pourvu qu'il y ait une réaction.**

Depuis le rachat par Elon Musk et son changement de nom pour « X », l'ex-Twitter propose un partage des revenus publicitaires entre les créateurs de tweets et la plate-forme. Moyennant un certain montant pour devenir membre premium, vous pouvez prétendre à toucher votre part du gâteau. Puisque le business appelle le business, de nombreux comptes se sont mis à publier des infos trash plus ou moins vraies ou des tweets volontairement clivants, pour susciter la réaction et engendrer des revenus. Mais, à mon sens, il n'y a toujours qu'un seul gagnant : la plate-forme, qui vend de la visibilité et vos données aux annonceurs.

Autre levier psychologique qu'exploite la plate-forme : plus vous voyez un tweet publié récemment, plus votre cerveau va vous récompenser par un petit stock de dopamine. Twitter l'a compris, **la valeur d'une information pour votre cerveau n'est pas l'information intrinsèque, mais sa fraîcheur de publication.**

Je pourrais continuer sans fin et écrire un tome entier sur le sujet en analysant les leviers utilisés par tous les réseaux sociaux. Instagram qui mixe habilement notre besoin de validation sociale avec la sérotonine et la dopamine engendrées par une notification. Oui ! Quand votre cerveau constate que vous avez reçu un nouveau like, un nouveau commentaire, un nouveau message ou un nouvel abonnement, il sécrète la même molécule que lorsque quelqu'un vous fait un compliment dans la vraie vie. On se sent bien. **Et, comme pour toutes les récompenses, votre cerveau libère en plus de la dopamine.** Bingo pour la double addiction !

Je ne peux pas passer à la suite sans mentionner TikTok. Étrangement, je ne le trouve ni mieux ni pire que les autres. Disons qu'il est plus « assumé » : tout a été pensé pour être l'équivalent des jeux gratuits version plate-forme de vidéos, mixé à un réseau social. Le format ultracourt (moins de 15 secondes) explique en partie pourquoi les jeunes de moins de 18 ans restaient devant les vidéos pendant 1 h 47 min chaque jour en 2022, soit quasiment 12 % de leur journée éveillée. Cette moyenne tend d'ailleurs à nous faire oublier qu'une partie non négligeable des utilisateurs passent presque 4 h par jour à scroller « infiniment » !

LE SCROLL INFINI

Scroller, c'est faire défiler du contenu à l'écran. On dit qu'une personne « scrolle » lorsqu'elle agite son doigt de bas en haut sur son écran de téléphone pour accéder à plus de contenu. Cette innovation a vraiment trouvé ses lettres de noblesse lorsque Aza Raskin, en 2006, crée le concept de scroll infini.

Grâce à son invention, nous pouvons descendre dans un flux d'actualité infini, généré automatiquement par l'algorithme, nous donnant l'illusion qu'il y a toujours quelque chose de plus à consulter. Avant l'intervention de cet ingénieur américain, l'utilisateur devait cliquer sur « page suivante », un geste peu coûteux, mais suffisant pour permettre au processus décisionnel de notre cerveau d'agir, et de potentiellement quitter la page pour reprendre le contrôle de sa navigation sur le site.

En 2020, les équipes de l'émission *Envoyé spécial*, sur France 2, sont allées à la rencontre du créateur à son domicile de San Francisco. Le moins que l'on puisse dire c'est qu'Aza n'est pas tendre avec son invention. Il compare le scroll infini à un verre d'eau qui se remplirait par le fond, nous obligeant à en vouloir toujours plus, sans prendre en compte le risque de noyade.

En 2019, dépité, il a tenté de calculer combien son invention faisait perdre de temps à l'humanité. Selon lui, c'est l'équivalent de la durée de 200 000 vies humaines qui est gâché chaque jour. Seize millions d'années d'énergie humaine passées à scroller sans but, sans l'avoir vraiment décidé. Aza veut dorénavant utiliser son génie pour alerter, témoigner et réparer les troubles qu'ont provoqués les réseaux sociaux en utilisant son invention. Depuis deux ans, il travaille sur un projet « anti-scroll infini » qui ferait ralentir le défilement au fur et à mesure du scroll jusqu'à le figer. L'utilisateur pourrait alors le débloquer en sortant de sa torpeur ou reprendre ses activités.

Si TikTok fonctionne si bien, au point que tous ses concurrents ont essayé de copier le concept, c'est que l'application vous libère de la lourde tâche du choix. Dès son installation, vous n'avez qu'à scroller pour visionner des vidéos courtes. Si l'une d'entre elles ne vous plaît pas, l'action de la zapper enclenche déjà la suivante. TikTok apprend très vite de vous, et en quelques minutes à peine vous vous trouvez avec une succession de vidéos qui vous correspondent parfaitement.

La dimension de *réseau* disparaît, les utilisateurs ne retiennent même pas le nom des créateurs et des créatrices des vidéos. On ne va plus voir la dernière vidéo d'untel, mais on va « consulter TikTok ». Il n'y a plus de communauté autour d'un artiste ou d'un créateur : **la star, c'est la plate-forme**. Plus le temps de faire une introduction ou un développement : chaque vidéo doit générer une sensation et jouer sur une émotion. Jamais une application n'avait eu une telle ergonomie, un tel design. La télécommande du vieux poste de télévision paraît bien obsolète tellement le contenu est prêt à être zappé. TikTok calcule même la vitesse de votre scroll pour savoir si, dans le fond, vous n'avez pas un peu hésité à rester.

Plus la vidéo aura d'animations dans l'image, plus votre attention voudra faire son focus dessus. **Le circuit de la récompense est activé en permanence.** L'une de leurs trouvailles est d'utiliser les mêmes musiques : à force d'entendre un habillage sonore qui a été utilisé sur des vidéos que vous avez vues, vous devenez plus prompt à le reconnaître et aimer la vidéo par association naturelle.

Tous ces réseaux peuvent détraquer votre circuit de récompense et votre attention. L'addiction génère ensuite un manque. **Le besoin de dopamine et de sérotonine est anormalement haut, vous ressentez un manque permanent.** L'ennui devient une souffrance et l'attention ne cherche qu'à se porter sur ce qui provoque une dose facile. C'est pour cette raison que certains de mes cobayes trouvent le test de 120 secondes du début de ce livre « douloureux ».

Faisons un rapide test, s'il vous plaît. Nous allons vérifier votre propre dépendance. Choisissez dans votre téléphone l'application de votre réseau social préféré et changez la place de son icône ! Si possible, déposez l'application sur une page lointaine ou au fond d'un dossier avec d'autres applications. Il y a de fortes chances pour que vous utilisiez habituellement cette application par réflexe et vous allez pouvoir en prendre conscience. Maintenant que vous avez déplacé l'application, si plusieurs fois dans la journée vous vous retrouvez avec le téléphone dans la main, allumé, avec votre doigt qui cherche en vain dans la zone où était stockée l'application initialement, c'est que vous alliez l'ouvrir par automatisme. Plus ce moment sera fréquent, plus il témoignera d'une dépendance à cette application.

NOS USAGES NOUS TRAHISSENT

Je vous parlais du principe du bocal. Si vous y prêtez attention – et maintenant vous le ferez –, lorsque vous ouvrez un lien Internet menant à l'extérieur, l'application ouvre un navigateur Internet « maison ». Ce n'est pas votre navigateur habituel qui s'ouvre dans votre téléphone, mais une sorte d'application dans l'application (assez peu pratique d'ailleurs). Pourquoi ? Pour que vous visitiez le lien sans quitter l'appli. Pire, les algorithmes font la différence entre un lien de leur écosystème et un autre lien qui ferait partir vos amis qui voient votre post chez la concurrence. Si vous voulez qu'un post Facebook fasse un bide, il suffit d'insérer un lien YouTube dedans. Résultat garanti !

Je vous ai déjà expliqué que j'étais fan de la technologie, à en croire toute cette partie on pourrait penser que je mène une guerre contre les programmes et algorithmes. Pourtant, je vous l'ai dit, je suis passionné par cette intelligence et ses possibilités. Je suis reconnaissant qu'Internet me permette de communiquer sur mes spectacles, je produis du contenu sur Facebook, YouTube, TikTok, Instagram et Threads. J'aime documenter mes efforts sportifs sur Strava, pour moi avant toute chose mais aussi pour échanger avec des personnes ayant les mêmes centres d'intérêt que moi. Je pense que les plates-formes ont été ma plus grande chance pour faire connaître mon travail (vous avez peut-être même entendu parler de ce livre en consultant votre téléphone).

Mon anxiété profonde vient de l'utilisation de la technologie pour organiser un commerce basé sur l'attention, en portant atteinte à notre système cognitif un peu plus chaque jour. Qu'il s'agisse de vous ou d'un proche, n'oubliez pas que les utilisateurs sont les victimes d'un système bien huilé, épaulé par des spécialistes de la psychologie humaine. **Tout est pensé dans les moindres détails.** Cela étant dit, nous nous sommes mis d'accord au début de ce livre pour admettre que nous sommes responsables de l'après. **Si le commerce**

de l'attention abîme notre faculté à nous concentrer, ce que nous mettons en place une fois le constat fait est à notre charge. Vous trouverez dans les parties suivantes des ressources puissantes à appliquer pour votre attention en général. Si elles sont simples à utiliser, elles ne seront rien sans votre volonté de changer les choses.

Vous allez par exemple devoir faire attention aux nouvelles habitudes qui se sont immiscées dans votre vie. Dans la continuité de tout ce qui abîme notre attention, nous adaptons nous-mêmes nos usages pour ne pas fournir d'effort, participant inconsciemment à cette spirale infernale qui diminue la puissance de notre attention.

La vie en « fois deux »

Un nouveau bouton est apparu près des commandes de lecture de contenus audio ou vidéo, un bouton « Modérateur de vitesse ». Sur WhatsApp, sur Netflix, sur YouTube, sur les applications de podcasts ou de livres audio, etc., vous pouvez consommer la culture en fois deux ! Terminé l'ennui quand tout va plus vite ! Lorsque la vitesse est accélérée, ce qu'il restait de notre capacité à encoder de l'information ne peut plus suivre. Les applications mettent cet outil à disposition pour contrer ce qu'elles ont elles-mêmes créé : **l'impatience.** Ce qui est paradoxal, c'est que, en accélérant un contenu, il vous faudra moins d'attention pour rester devant, mais plus de concentration pour comprendre et retenir ce qu'il s'y passe.

Sacha Guitry a dit un jour : « Lorsqu'on vient d'entendre un morceau de Mozart, le silence qui lui succède est encore de lui[15]. » Les silences sont importants pour la compréhension, mais aussi l'appréciation. Si vous regardez un film ou que vous écoutez la chronique du jour en *replay* de votre émission de radio préférée en « × 2 », vous ne voyez plus l'œuvre telle qu'elle a été

15. Sacha Guitry, *Toutes réflexions faites*, éd. Le Bord de l'eau, 2008.

pensée : vous manquez le lourd silence dramatique que le réalisateur avait installé pour vous surprendre, les jeux de mots cachés dans la chronique de l'humoriste, etc.

Les artistes qui sont sur scène constatent ce besoin qu'a le public d'avoir un rythme toujours plus resserré. Si l'on compare le nombre de blagues à la minute d'un sketch des années 1990 et d'un sketch d'aujourd'hui, on a le sentiment que quelqu'un a utilisé un chausse-pied pour faire rentrer un spectacle entier dans un seul sketch. J'ai la chance d'être informé sur le sujet de l'attention et je crois que j'arrive à capter correctement l'attention de mes spectateurs dans mes spectacles de mentalisme, mais j'ai adapté la construction de mon dernier spectacle à cette mauvaise habitude de la consommation en accéléré pour que les spectateurs sortent de salle sans s'être ennuyés tout en préservant mon spectacle d'une accumulation de blagues qui ne me ressemblerait pas.

> Résistez à l'envie d'accélérer le monde qui vous entoure pour protéger votre capacité de concentration. Ne confondez pas le rythme (dans le sens du mot « tempo »), et l'accélération ou l'accumulation.

Éviter le choix par défaut

Les applications, les réseaux sociaux, les jeux, l'information en ligne : tous les médias ont décidé de choisir à votre place. Pas seulement pour vous imposer leurs choix, mais bien pour vous délester de cette lourde charge mentale qu'est la décision.

> Décidez un minimum avant d'utiliser quelque chose. Vous voulez regarder un film sur Netflix ? Décidez du genre avant de lancer l'application. En réfléchissant, vous allez peut-être même penser

à une série que quelqu'un vous a conseillée. Décidez également du temps ou du nombre d'épisodes que vous voulez regarder.

Netflix est aussi conçu pour vous garder captif, c'est de cette façon qu'il s'assure la plus grande part de marché (puisque vous n'allez pas à la concurrence), qu'il peut collecter vos données (suivant ce que vous regardez et comment vous le regardez), et qu'il vend des partenariats avec des marques pour les films et les séries « maison ».

Même si l'utilisation de Netflix est payante, les procédés sont les mêmes que sur les plates-formes gratuites. Saviez-vous par exemple que les vignettes que vous avez pour les films et les séries sont des versions sur mesure faites pour vous ? Ouvrez l'application Netflix d'un ami qui a des goûts différents de vous, vous serez étonné. Ne croyez pas que vous utilisez « Netflix », vous utilisez en réalité « votre version de Netflix ». À quoi peuvent servir les données collectées sur vous ? D'abord à produire des programmes adaptés à leur audience, à vendre des partenariats publicitaires dans les films et les séries (si vous voyez clairement le héros utiliser une marque connue, ce n'est pas un hasard), et enfin à revendre ces données à des entreprises intéressées. Netflix a ouvert la voie et le modèle aux catalogues fleurissant ces dernières années comme Prime Video, Disney+, Paramount+, etc.

Le P-DG de Netflix a déclaré : « Quand vous regardez une série sur Netflix et que vous en devenez accro, vous veillez tard le soir. À la marge, nous sommes en concurrence avec le sommeil. Et ça fait donc beaucoup de temps[16]. » Cette déclaration a un sens profond : Netflix ne considère pas votre utilisation comme un divertissement de votre journée, comme pouvait l'être « le film de 20 h 30 » à l'époque des six chaînes de télévision. Netflix et ses concurrents considèrent votre utilisation comme une activité potentiellement

16. Alex Hern, « Netflix's biggest competitor? Sleep », *The Guardian*, 18 avril 2017.

envisageable pour l'intégralité de votre temps d'éveil. Et ils n'ont pas tort, celles et ceux qui ont déjà consommé une saison entière d'une série en une journée savent précisément de quoi je parle.

> Choisir avant d'agir va vous rendre plus conscient de ce que vous voulez faire et comment vous voulez le faire. Durant l'écriture de ces lignes, il m'arrive de faire des pauses « réseaux sociaux », je décide au minimum lequel je vais utiliser et la durée que je souhaite passer dessus. Inutile d'être tyrannique sur vos engagements, vous devez juste casser la boucle infernale du choix par défaut.

Ne laissez rien démarrer tout seul

> Plus facile à dire qu'à faire ! Imaginez que dans votre cerveau se cache une pièce blanche remplie d'ampoules. Les lumières sont éteintes, vous êtes en train de dormir. Le réveil sonne. Plusieurs lumières s'allument. La première s'éteindra lorsque vous couperez votre réveil, la deuxième quand vous vous serez lavé et habillé, la troisième lorsque vous aurez bu votre café. Pourtant, en faisant ces tâches, d'autres lumières vont s'allumer. Une parce que vous aurez vu qu'il faut sortir la poubelle, une autre parce que vous vous êtes rappelé que vous aviez besoin d'un dossier important, une autre pour penser à faire un détour par la poste, etc.

À chaque fois qu'une tâche est identifiée, mais qu'elle n'est pas terminée, votre cerveau allume une ampoule intérieure et vous ne vous sentirez soulagé qu'une fois l'ampoule éteinte. Si, pendant que vous travaillez, quelqu'un vous demande s'il peut vous déranger, l'ampoule s'allume et vous ne pouvez pas continuer sans lui avoir demandé de quoi il voulait vous parler. Ces ampoules s'éclairent également lorsqu'une notification sonore ou visuelle se met en marche sur vos appareils électroniques : la machine à laver qui bipe, la sonnette de votre porte d'entrée, une vibration de votre téléphone. Figurez-vous qu'une nouvelle hallucination est née concernant ce dernier point : des personnes qui croient ressentir leur téléphone vibrer dans leur poche alors qu'il est dans la pièce d'à côté.

Si vous êtes en pleine conversation et que vous percevez qu'un SMS vient d'arriver, il vous sera impossible d'être concentré sans avoir lu le SMS pour éteindre la lumière ou pour en allumer une autre si le message contient une question ou vous demande de faire quelque chose d'urgent.

Ce principe s'active lorsque vous scrollez du contenu sur un réseau social. Pourquoi ? En faisant défiler votre écran, vous apercevez le contenu suivant. Votre cerveau ressent un besoin d'achèvement avant de quitter l'application et vous allez naturellement continuer votre scroll pour voir ce contenu, faisant ainsi apparaître la prochaine photo ou la prochaine vidéo. La lecture automatique des vidéos sur YouTube, Facebook, Instagram, TikTok, Netflix, Prime Video, etc. exploite ce besoin de terminer ce qui a été entamé. Même les jeux mobiles gratuits jouent sur ce principe en créant des dizaines de chapitres remplis de centaines de niveaux rapides. Vous serez plus enclin à vouloir terminer un chapitre (surtout si les niveaux s'enchaînent vite).

> Prenez garde à maîtriser ce besoin de compléter une tâche que votre esprit identifie comme étant commencée. Cela demande une certaine maîtrise de soi, mais on peut se contrôler. Le secret est d'être conscient du processus pour pouvoir décider d'y résister ou d'y succomber.

La vie en noir et blanc

Parmi les stimulations visuelles qui captent notre attention, les couleurs vives prennent une place assez haute sur le podium. Les publicités dans la rue, les objets de loisir que l'on veut vous vendre, les jeux, etc. sont tous pensés pour être pétillants et stimulants visuellement. Les téléphones portables et leurs applications nous piègent en partie par cette attraction naturelle pour les belles et vives couleurs. En plus d'attirer notre attention, le **biais d'exposition** se met en marche.

Il s'agit d'un biais cognitif qui augmente la probabilité d'avoir un sentiment positif envers quelqu'un ou quelque chose au fur et à mesure que l'exposition à cette chose ou à cette personne augmente. Souvenez-vous du moment où nous parlions des musiques des vidéos courtes, souvent en format vertical, auxquelles on s'attache. Plus une vidéo utilise une boucle musicale que nous avons entendue sur d'autres vidéos, plus nous sommes enclins à écouter la vidéo. Les couleurs vont aussi jouer un rôle de repère rassurant. Le bleu de Facebook, le rouge de YouTube, le jaune de Snapchat, etc.

> Aza Raskin (le père du scroll infini), en plus de lutter contre sa propre invention, recommande une méthode simple, mais très efficace ! Changez les réglages de votre téléphone pour que tout s'affiche en noir et blanc. C'est très étonnant au début, mais vous allez constater une baisse de désir quasi instantanément ! Je vous recommande de le faire au moins vingt-quatre heures à titre d'expérience personnelle. Il est très perturbant de voir que sans les couleurs l'attrait de notre téléphone diminue drastiquement. Alors que nous étions capables d'expliquer avec des arguments solides pourquoi nous allions sur les applications. Personne ne dit jamais : « J'y vais d'abord pour toutes ces belles couleurs chatoyantes ! » Ce réglage

se fait en général dans les options d'affichage ou d'accessibilité de votre téléphone. Sur certains smartphones, vous pouvez créer un raccourci, faites-le pour basculer à volonté entre le mode couleur et le mode noir et blanc. Vous n'êtes pas obligé de regarder vos photos et vos films en noir et blanc, mais vous pouvez aider votre attention en sélectionnant ce mode au cours de votre journée.

Conclusion

Je pense que nous subissons cette économie de l'attention parce que nous vivons dans un monde **d'information sur le présent.** L'entrepreneur américain Nova Spivack expliquait dans une interview que, jusqu'au XIXe siècle, les sociétés vivaient par rapport à leur passé, c'était le point de fuite de leur regard et leur référentiel. À partir du XXe siècle, les sociétés ont commencé à changer leur regard de direction pour observer le futur. Moi qui étais adolescent dans les années 1990, je me souviens à quel point nous fantasmions sur l'an 2000 (j'attends encore les voitures volantes et les hologrammes dignes de *Star Trek*, d'ailleurs). Le référentiel était le futur, expliquant sûrement ce goût prononcé pour la science-fiction durant cette période.

Le XXIe siècle est le siècle du présent. Nous recevons tellement d'informations en permanence (sollicitations visuelles ou sonores, notifications, actualités, hyperconnexion) que la société se retrouve écrasée sous toutes ces données, enfermée dans un présent où l'on ne fait que « prendre connaissance » à chaque instant. **L'attention est prisonnière de ce mouvement perpétuel.** Les conversations évoquent souvent l'inflation économique et la baisse du pouvoir d'achat, pourtant ces variations paraissent ridiculement marginales si on les compare à l'inflation du nombre d'informations et à la baisse de la capacité d'attention.

COMPRENDRE QUI SONT LES AMIS ET S'EN SERVIR

Dans la dernière partie de ce livre, vous apprendrez comment augmenter votre attention, comment améliorer votre concentration pour faire un focus instantané sur une tâche ou de manière générale. Pour pouvoir aborder ces astuces, il faut que vous connaissiez votre attention de manière plus détaillée.

Dans la première partie, je vous ai présenté votre attention comme on présenterait un ami à une soirée. Vous avez rapidement discuté avec, vous vous êtes fait un avis, mais vous ne la connaissez pas encore complètement (tant mieux, l'intérêt est stimulé par le mystère !). Je vous propose un rendez-vous plus intime, en tête à tête, avec votre attention. Une fois que vous serez devenus plus proches, je vous donnerai une explication de ses goûts dans le quotidien, des outils concrets que vous utiliserez selon vos besoins.

LA CARTE D'IDENTITÉ DE L'ATTENTION

L'attention est une fonction cognitive complexe. *La cognition ? Mais Fabien ! tu nous avais promis d'écrire quelque chose de digeste.* C'est vrai, mais c'est aussi l'occasion de poser des définitions sur quelques termes utiles.

La cognition est le procédé cérébral qui vous permet d'avoir conscience des événements, des personnes et des objets de votre environnement. C'est également le système cognitif (qui réunit toutes les fonctions cognitives comme l'attention) qui va vous donner la possibilité de stocker de la connaissance. Il vous permet aussi bien de savoir quel est le plat du jour d'un restaurant que de vous souvenir de ce qu'il s'est passé lors de la bataille de Marignan (je force un peu avec ce fait historique, mais est-ce que vous vous en souvenez encore ? Si vous avez joué le jeu, vous devriez être capable de donner les contours de cet événement).

Nous allons jouer ensemble au jeu de l'entonnoir. Le cerveau est une immense collection de poupées russes. Vous savez, ces poupées qui en referment toujours d'autres. En comprenant le fonctionnement de chacune des poupées, vous pourrez prétendre à mieux vous connaître.

Commençons par la base. L'attention est composée de trois capacités majeures.

➧ La première est votre **capacité à être alerte**. Cette capacité vous permet d'être vigilant face à l'environnement qui vous entoure (d'ailleurs ça n'est pas simple d'être *face* à quelque chose si l'on est *entouré*). Cette compétence nous a certainement bien aidés au début de l'humanité pour voir si un danger apparaissait : un buisson qui bougeait pendant que l'on cueillait de la nourriture, et notre corps tout entier était prêt à faire son meilleur sprint pour se mettre en sécurité. Nous avons beaucoup moins de dangers immédiats à gérer aujourd'hui pour notre survie. Être alerte nous aide à détecter des choses en fonction de l'importance du signal. Dans l'effet « cocktail party », c'est cette même capacité qui va vous faire prendre conscience qu'une personne a utilisé votre prénom dans une conversation à l'autre bout de la pièce, alors que vous étiez vous-même en train de discuter avec une autre personne. Vous voulez savoir quand on parle de vous (par curiosité, par nécessité ou par ego), et votre cerveau le sait.

➧ La deuxième capacité générale est le **maintien de votre attention pour obtenir une concentration durable**. C'est plus facile à dire qu'à faire. J'expérimente moi-même cette capacité en écrivant ces mots depuis ma chambre d'hôtel. Mon cerveau me propose un nombre incalculable d'alternatives pour que je relève la tête de mon écran et que je m'intéresse à autre chose qu'à vous écrire. Plus la fatigue me gagne et plus des choses futiles me semblent extrêmement attirantes ! (Il est actuellement 23 heures et je trouve très intéressante la perspective de faire un peu de rangement dans la chambre.) La durée de votre concentration varie en fonction de votre âge, mais nous avons tous généralement tendance à la surestimer. C'est le moment de préciser que, généralement, nous surestimons toutes nos compétences !

LE BIAIS DE CONFIANCE EXCESSIVE

En 2001 les chercheurs Brad M. Barber et Terrance Odean ont tenté de quantifier la présence et l'impact de ce biais cognitif chez les humains. Le biais de confiance excessive se manifeste par la tendance à **surestimer nos compétences internes**, qu'elles soient intellectuelles ou physiques. Les études de 2001 démontrent que si ce biais est bien présent chez les deux sexes, il est légèrement plus accentué chez les hommes (et encore plus si la personne est en situation de célibat).

L'existence de ce biais provient d'une forte confiance en nos souvenirs. Nous partons du principe que nos souvenirs sont des témoignages fidèles de la réalité alors que notre mémoire recompose nos souvenirs en fonction d'autres biais cognitifs. Les conséquences dans la vie courante sont multiples. Certaines personnes vont toujours avoir l'impression d'être en état de prendre le volant, qu'importe leur état de fatigue ou leur consommation d'alcool. D'autres personnes vont se lancer des défis sportifs qui ne sont pas à leur portée physique et qui exigeraient un entraînement préalable. Et, bien sûr, il n'est pas naturel ou spontané pour la plupart des gens de se dire que leur attention est détériorée et que leur capacité de concentration mériterait d'être réparée.

Un des tests qui permettent de confirmer ce biais consiste à faire remplir un questionnaire de culture générale (sous forme de questions à choix multiples) à un groupe de personnes se prêtant au jeu. Il convient ensuite de leur demander d'estimer le pourcentage de réussite qu'elles prêtent à leurs réponses. Ce pourcentage est toujours largement supérieur à celui des bonnes réponses effectives.

Ce biais pose problème car il empêche de se rendre compte de ses lacunes, il nuit à la nuance et au principe de précaution. Dans le thème qui nous occupe ici, il nous empêche de prendre conscience de nos marges de progression ou de tirer des leçons de nos expériences, de nos échecs ou de nos difficultés. **Comment améliorer durablement son attention quand on considère qu'il n'y a pas de problème ? Puisque notre comportement est enclenché sur la fonction « alerte/réactivité », alors la concentration n'est pas notre état naturel, mais elle nous est nécessaire.**

En juin 2010, la société américaine Sciforma a réalisé un test sur plus de 4 000 personnes (les salariés de cette entreprise). Cette étude interne démontre que, pour les collaborateurs de cette entreprise, le temps maximum de concentration soutenue est de 12 minutes. Dans le cas où on leur demande d'effectuer deux tâches de même durée (sans expliquer les enjeux de ces tâches), 71 % des salariés choisissent celle qui semble urgente et qui demande peu de concentration au détriment de celle qui était réellement importante. C'est bien la capacité de maintenir son attention qui aurait permis aux collaborateurs de se plonger dans les caractéristiques des tâches pour identifier celle qui compte vraiment.
Cette forme de concentration pourrait être appelée **« l'attention de persévérance »**, celle où **l'on se maîtrise pour se contraindre à affecter nos ressources mentales à quelque chose de précis**.

➡ La troisième et dernière capacité est justement la **concentration dite normale**. Non, vous n'avez pas mal lu ! La capacité précédente s'entrechoque avec celle-ci. Tout n'est que nuance dans notre cerveau. D'un côté, vous aviez le maintien de votre attention volontairement, sans lâcher prise ; de l'autre, vous avez la concentration. Une concentration normale, mais de qualité, et celle qui vous permet d'être enfermé dans une bulle mentale pour ignorer les distracteurs comme les sons ou les pensées qui peuvent surgir. Cette capacité s'active lorsque vous lisez ce livre par exemple. Je pense que vous lisez par plaisir, par envie, sans vous contraindre sur une durée ou un nombre de pages.

Ces trois capacités peuvent être amoindries. Heureusement le monde a tendance à être binaire, elles peuvent aussi être renforcées par l'exercice physique, l'hydratation, la baisse du stress et de l'anxiété, un sommeil de qualité, une alimentation équilibrée, le fait de régler ses éventuelles addictions (pour éviter les états de manque), etc. Nous y reviendrons plus tard.

Continuons à ouvrir quelques-unes des poupées russes que nous rencontrons. Dans notre tête, là où vit tranquillement notre petite voix intérieure, se trouve une poupée qui possède également trois systèmes de pensée distincts (encore trois ? On dirait presque que c'est fait volontairement, mais non). Pourquoi vous parler des systèmes de pensée ? Parce que l'attention va avoir un rôle à jouer pour deux d'entre eux et que vous allez pouvoir améliorer son efficacité dans le troisième.

➡ Le premier système est appelé **algorithmique** (oui, comme pour les algorithmes des réseaux sociaux !). Ce système est plutôt lent, il analyse rationnellement les données en pleine conscience. Vous savez que vous êtes en train de penser à ce qui occupe votre esprit, vous savez ce que vous faites et pourquoi vous le faites. Lorsque je relirai cet ouvrage pour corriger les éventuelles fautes d'orthographe, je serai précisément dans ce système de pensée[17].

➧ Le deuxième système est appelé **heuristique**. C'est un système de pensée automatique, ou presque. Disons qu'il agit sans avoir besoin de la conscience. Vous ne prêtez pas d'attention à ce que vous faites, votre esprit conscient est resté au chaud dans le premier système. À titre d'exemple, je pratique la course à pied. J'essaie de sortir le fait de conscientiser ma course du premier système (celui où je sais clairement que je cours, là où je me dis que c'est long, que ça me fatigue) pour pratiquer ma course dans le deuxième système (celui qui se fait « sans moi »). C'est dans ce système qu'ont lieu les erreurs d'inattention. Quand je corrigerai ce texte, il y a fort à parier que les quelques fautes qui seront inévitablement présentes le seront parce que ma relecture était passée en système heuristique. D'ailleurs, quand vous oubliez de tourner à droite lors d'un trajet en voiture ou à pied, c'est parce que vous pensiez à autre chose ou que vous discutiez avec quelqu'un, la conduite est parfois un système heuristique : l'attention n'est plus là où elle devrait être.

➧ Enfin, le troisième système est celui de **l'inhibition**. C'est l'arbitre sur le ring de boxe ! L'arbitre doit décider quel système privilégier entre l'algorithmique et l'heuristique. Est-ce qu'il donne l'avantage aux automatismes ou est-ce qu'il va faire en sorte que son humain soit en pleine conscience de ce qu'il fait ? Il va prendre en compte les ressources disponibles, votre état de fatigue, votre habileté à effectuer la tâche automatiquement et va, au besoin, mettre en place des remparts pour résister aux automatismes qui ne sont pas utiles.

17. J'en profite pour m'excuser des quelques coquilles (c'est malheureusement inévitable) qui pourraient avoir échappé à ma vigilance dans ce livre, n'hésitez pas à me faire un e-mail *via* mon site Internet pour les souligner, je me ferai un plaisir de les rectifier pour les prochains tirages.

En décidant de redevenir maître de votre attention et d'en prendre soin, vous avez, par la même occasion, décidé de donner du poids, des outils et de la crédibilité à votre arbitre ! Lorsque je mentionne régulièrement l'altération de votre attention, c'est assez métaphorique. Ce qui s'altère, c'est ce que l'on attend d'un bon fonctionnement de l'attention. L'arbitre entre les deux premiers systèmes fait partie des points-clés permettant à une attention de fonctionner correctement.

LES VOISINS DE L'ATTENTION

Nous avons dessiné les contours de ce qu'est la cognition, détaillons plus précisément les différentes fonctions cognitives qui se cachent dans votre système cérébral. C'est le passage le plus scolaire du livre, alors rassurez-vous, il n'y aura pas d'interrogation surprise à la fin. Je veux juste que vous le lisiez et compreniez attentivement pour être sensibilisé à ces principes fondamentaux.

Si j'utilise le terme de « fonctions cognitives », c'est parce que le cerveau est doté de plusieurs fonctions cérébrales dédiées à des tâches bien spécifiques. Elles font partie du système nerveux central et vont vous permettre de gérer les fonctions propres à votre corps et à votre esprit. Vous vous souvenez de nos petites poupées russes ? Elles sont plus spéciales qu'il n'y paraît. Elles renferment d'autres petites poupées, mais en plus elles cachent derrière elles d'autres poupées, et pour finir elles sont toutes connectées entre elles ! Pour faire simple, une fonction cognitive peut en contenir d'autres. Mais il existe aussi d'autres fonctions cognitives, indépendantes de la première, et qui cachent aussi d'autres fonctions cognitives. C'est que ça bosse dur, là-haut !

Commençons par **la poupée des fonctions vitales.** Les fonctions vitales vont s'occuper de vous faire respirer même lorsque vous dormez et de gérer votre rythme cardiaque à chaque seconde de votre vie (3 milliards de battements au cours de votre existence, s'il vous plaît). En ouvrant la poupée des fonctions vitales, vous avez découvert qu'il y en avait d'autres, plus petites (mais tout aussi essentielles), qui sont cachées à l'intérieur. Celle qui nous intéresse le plus dans les fonctions vitales est **la poupée des fonctions basiques** (importantes, mais pas toujours de la première utilité). Ce sont elles qui vont vous souffler l'idée de vous servir un verre d'eau lorsque votre corps se déshydrate. Elles vont gérer votre sommeil, votre faim et même votre appétit sexuel (celui qui est lié à votre instinct de reproduction).

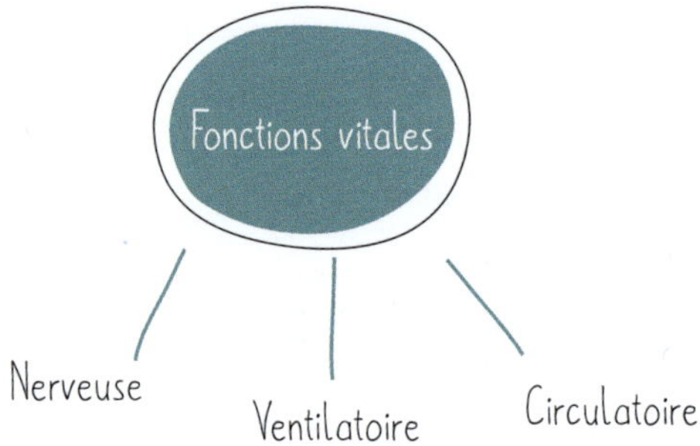

Refermons la poupée d'origine, celle des fonctions vitales. Derrière elle s'en cache une autre, dans un autre emplacement du cerveau (en l'occurrence le cortex). C'est dans celle-ci que se trouvent les **fonctions supérieures** comme **les fonctions cognitives** dont nous parlions au début de ce chapitre. Bon, vous êtes toujours avec moi ? Même en rendant métaphorique cette partie, il faut quand même faire un peu d'effort mental. Vous pouvez souffler un peu, ce trajet est nécessaire pour vous donner l'intimité que je vous avais promise avec votre propre cerveau. En tout cas, nous sommes dorénavant dans la poupée qui contient tout ce que nous cherchions.

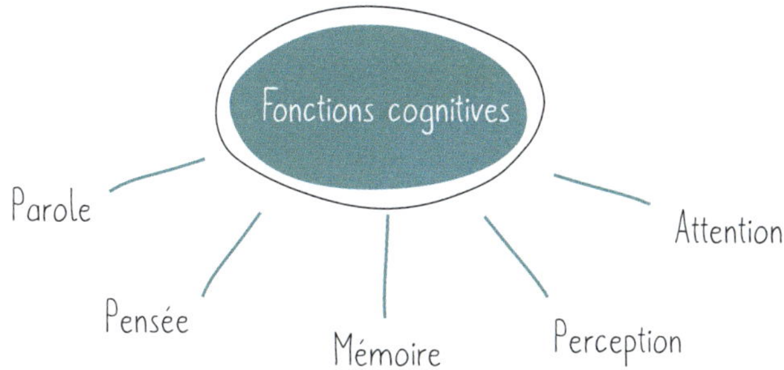

Pour nos besoins, allons directement sur une plus petite poupée qui se trouve à l'intérieur, celle des **fonctions cognitives supérieures**. Dedans entrons immédiatement dans une autre poupée encore plus petite, celle des **fonctions cognitives**. Elle nous intéresse et contient *seulement* cinq nouvelles poupées à l'intérieur, qui représentent les cinq fonctions cognitives :

➡ **La parole** : on l'appelle aussi « le langage » ou simplement « la langue ». Cette fonction utilise tout un système de symboles codés (ils sont visuels ou sonores) pour vous permettre de lire, d'écrire et de communiquer avec d'autres personnes. Cette fonction est utilisée pour exprimer votre pensée.

➡ **La pensée** : vous êtes comme un peintre, et la toile blanche est votre pensée. Votre œuvre est évolutive, votre pensée se complète et se modifie à chaque instant de votre vie. C'est donc la représentation de votre monde qui associe toutes les informations avec lesquelles vous avez été en contact au cours de votre existence, tout du moins celles que vous avez transformées en connaissances.

➡ **La mémoire** : sans mémoire, pas de connaissance. Le rôle de cette fonction cognitive est de ranger dans les bons tiroirs les informations qui pourront vous être utiles. La plupart de ces tiroirs sont vidés très régulièrement (la mémoire à court terme), mais certaines informations sont sauvées pour être envoyées vers des coffres-forts (la mémoire à long terme). Toutes les informations auxquelles vos sens sont soumis sont traitées, sans exception.

➡ **La perception** : c'est grâce à elle que vous recevez ces fameuses informations. Le cerveau va recevoir cette masse continuelle de données et cette fonction va commencer par organiser une reconnaissance. Elle organise, trie, jette, ignore, envoie dans les tiroirs. Et c'est elle qui va reconnaître les stimulations pour les envoyer à l'attention.

➡ **L'attention** : on termine par celle qui nous intéresse dans ce livre. Cette fonction vous permet d'être en alerte et de solliciter au besoin l'ensemble des fonctions cognitives pour recevoir les informations et les stimulations qui vous seront utiles. Soit parce que le conscient l'a décidé, soit parce que la perception et l'attention l'ont décidé pour vous. Voici un exemple : l'état d'alerte est un état de base. Donc si je fais exploser un ballon de baudruche dans la même pièce que vous, vous allez réagir. Et vous pouvez ensuite décider de vous intéresser volontairement à la forme des nuages, alors que votre état d'alerte ne vous aurait pas fait faire un focus dessus.

Dans cette grande colocation toutes les fonctions cognitives travaillent de leur côté, mais également à la même table. Elles peuvent être autonomes, mais agissent le plus souvent à cheval sur le dossier des unes et des autres.

Évidemment je ne suis pas exhaustif dans la liste interminable des fonctions cognitives. Un petit tour dans le cervelet, et nous aurions rencontré l'équilibre ou la coordination des mouvements ; un arrêt au lobe frontal, et nous aurions découvert l'organisation, la résolution de problème, le jugement, etc. Même le simple fait de lire ces lignes demande l'activation de deux régions de votre cerveau : le lobe pariétal pour la fonction des compétences académiques (savoir lire en est une) et le lobe occipital pour la perception et la reconnaissance des mots qui glissent actuellement sous vos yeux.

Ce que je voulais vous transmettre, c'est la découverte et la compréhension de **ce maillage complexe de toutes les fonctions cognitives.** Une fois que vous avez compris que les fonctions cognitives sont une auberge espagnole où tout le monde est en interaction avec tout le monde, on comprend pourquoi une attention dégradée peut avoir tant de répercussions différentes, sur tant de domaines, et pourquoi ce sujet doit devenir une priorité.

L'INTENTION AVANT L'ATTENTION

Combien de fois avez-vous oublié ce que vous vouliez dire ou faire ? Vous êtes à table en train de discuter avec un ami, vous partagez avec lui toutes vos pensées et… blocage ! Vous avez complètement oublié ce que vous aviez l'intention de lui dire. C'est agaçant !

L'attention est précédée d'une intention. Quand vous avez l'intention de suivre une recette de cuisine, quand vous avez besoin de terminer un dossier ou quand vous voulez sortir le linge de votre machine à laver. L'intention est le GPS de l'attention, elle lui indique la route que vous voulez suivre. Plus votre intention de départ est claire, plus votre système cognitif sera mobilisé efficacement. Cette clarté peut être opacifiée par des facteurs tels que la fatigue, la faim, les émotions fortes ou encore le stress (une personne débordée ne pourra pas avoir une intention claire).

Ce qui serait formidable, pour améliorer nos intentions, serait de pouvoir comprendre scientifiquement ce mécanisme. Comment nos intentions sont-elles gardées en mémoire ? Comment pouvons-nous agir dessus ? Au jour où j'écris ces lignes, nous n'avons toujours pas une connaissance scientifique précise qui expliquerait comment notre cerveau garde « en tête » notre intention de base. Nous savons seulement que ce système est fragile et que ses performances sont imprécises. L'intention initiale est un peu comme un mot écrit sur un Post-it que l'on accroche à son front. Au moindre coup de vent, le Post-it se décroche sans que l'on s'en rende compte. Votre esprit ne sait plus que vous aviez un objectif précis et se laisse de nouveau guider en réaction à tout ce qui se passe à l'extérieur.

Notre système cérébral n'a pas été conçu pour garder une intention sur le long terme. Au contraire, il est fait pour se mettre à jour régulièrement, pour réagir à notre environnement et à nos pensées. C'est ce qui vous permet d'être agile mentalement (et c'est une bonne chose), mais ce que vous gagnez d'un côté vous le perdez de l'autre en ayant des intentions instables.

Vous perdrez toujours au « ni oui ni non »

Vous avez déjà fait une partie de « ni oui ni non » ? (Vous pouvez répondre en toute confiance, nous ne sommes pas en train de faire une partie.) Il n'y a pas de jeu plus simple que celui de pouvoir utiliser tous les mots de la langue française sauf « oui » ou « non ». Les parties devraient durer une éternité tellement la règle est simple. Pourtant, nous perdons tous plus ou moins rapidement à ce jeu.

En début de partie, votre intention est de ne pas dire « oui » ou « non ». L'intention est claire, l'attention surveille que ces mots ne soient pas prononcés et elle vous aide à les remplacer par des synonymes ou d'autres artifices. Plus l'intention perd de son intensité, plus vous devenez susceptible de prononcer l'un des deux mots interdits. La seule façon de gagner est de clarifier l'intention à chaque fois que vous devez répondre ! De se dire mentalement « Je ne dois pas dire oui ou non ». Si vous ne le faites pas, l'intention disparaîtra et vous répondrez naturellement.

Vous ne pouvez pas garder une intention durant des heures dans votre esprit. Pour optimiser son fonctionnement, vous pouvez la reformuler régulièrement, refaire le point sur vos intentions après chaque pause ou encore écrire sur un Post-it votre objectif (nous reviendrons sur les objectifs dans la prochaine partie).

> Je vous recommande d'être vigilant à votre mode « automatique ». Si, à chaque fois que vous constatez que votre esprit dérive, vous refaites le point sur votre intention initiale, alors vous serez plus à même de garder le cap de votre attention.

LES CHANGEMENTS DE FORME DE L'ATTENTION

Un coup de baguette magique, et mon attention se transforme en lapin ! Bon, ça n'est pas vraiment le cas. Votre attention n'a qu'une seule apparence, mais elle s'exprime dans des formes différentes. Dans la première partie, vous avez été initié à ce qui va suivre, nous allons compléter votre connaissance.

Il existe plusieurs modèles pour tenter de déterminer une typologie du système attentionnel. Le plus utilisé en science est sûrement celui du psychologue américain Michael Posner pour déterminer des catégories dans l'attention. Les systèmes proposés par Daniel Kahneman en 1973 ou celui de Sohlberg et Mateer en 1989 sont néanmoins pertinents et sûrement plus digestes pour vous, comme pour moi. Si les consensus scientifiques ne sont pas figés concernant les processus cognitifs, il semble quand même universel de dire que l'attention peut se résumer en plusieurs sous-catégories. Les six principaux modes de fonctionnement sont catégorisés en fonction de leur intensité. Ce sont les suivants :

➡ **L'attention dite *arousal*** : derrière ce terme anglais se cache le fait d'être en éveil. J'exagère un peu en vous écrivant ça, mais vous comprenez l'idée. C'est l'état général de votre attention qui va fluctuer à divers moments de la journée, selon que vous êtes un peu fatigué ou au contraire en pleine forme. Cet *arousal* va évoluer en fonction de votre rythme biologique, rythme que l'on appelle également « le rythme circadien ». Le terme « circadien » a été inventé par le biologiste roumain Franz Halberg, il signifie « autour de la journée ». Imaginez que votre corps possède une horloge biologique intérieure (inutile de tendre l'oreille, ça ne fera pas tic-tac). Cette horloge fonctionne seule, sans se soucier de ce qu'il se passe en dehors de votre corps. Elle va ordonner l'arrêt de production de mélatonine entre 7 heures et 8 heures du matin, afin que vous puissiez vous réveiller. Elle va également faire augmenter la pression sanguine dans l'après-midi ou baisser la température de votre corps pendant la nuit.

➡ **L'attention focalisée** : c'est une capacité intéressante, à ne pas confondre avec les suivantes. Elle vous semble familière ? C'est pourtant la première fois que je vous parle d'elle. C'est peut-être la plus essentielle à appréhender dans cette époque où tous les moyens sont bons pour capter la faveur de notre attention. Il s'agit de votre capacité à diriger volontairement votre attention en direction d'un stimulus. Par extension, c'est aussi votre capacité à volontairement ne pas diriger votre attention vers un stimulus. C'est en quelque sorte votre résistance pour réussir à garder dans votre main la télécommande cognitive. Celle qui vous permet de décider de diriger, ou de ne pas diriger, votre attention vers quelque chose qui vient de la stimuler. Par exemple, vous êtes assis à la bibliothèque et vous entendez deux personnes rire en chuchotant : allez-vous les regarder ou décider d'en faire abstraction ?

➡ **L'attention soutenue** : ce qui se rapproche le plus de la concentration, c'est votre capacité à maintenir votre attention sur un stimulus long (par exemple une pièce de théâtre qui se déroule devant vous) ou une activité (par exemple faire vos comptes pour remplir votre déclaration de revenus).

COMPTEZ LES BALLONS

Il y a plus de dix ans, une vidéo a énormément été partagée sur Internet. C'était un test rapide à faire où l'on voyait de jeunes personnes se passer deux ballons de basket. L'objectif pour le spectateur était de tenir le compte des passes malgré les différents déplacements des joueurs. Si cette description ne vous rappelle rien, c'est que vous n'avez pas vu cette vidéo[18] ! Je vous invite à stopper votre lecture et à la regarder, c'est important que vous ne lisiez pas la suite avant de l'avoir visionnée.

Dans cette vidéo, ce qui était vraiment testé, c'était votre capacité à compter les passes en ayant conscience qu'une personne déguisée en gorille traversait l'écran, faisait le pitre en plein milieu, puis ressortait sans se presser. Durant quasiment 30 % de la vidéo le gorille est à l'image ! Comme vous vous en doutez, peu de personnes l'ont vu au premier visionnage et, lorsque la vidéo démontrait qu'elles étaient passées à côté d'un gorille farceur, le choc était réel.

Cette vidéo montre à quel point le faisceau de l'attention se resserre lorsque l'on fait preuve d'une attention soutenue. Cette expérience a quand même été critiquée par la suite car les conclusions n'étaient pas assez nuancées. En reproduisant sous différentes formes l'expérience initiale, des chercheurs suisses ont pu démontrer que l'attention ne percevait pas l'élément perturbateur (en l'occurrence le gorille) si, et seulement si, la vitesse de

18.

déplacement (du gorille) avait une cohérence avec la vitesse des mouvements des autres éléments à l'écran. Si le gorille augmente sa vitesse de déplacement de seulement 10 %, alors votre perception sonne une alerte et votre cerveau va immédiatement déterminer ce qui ne va pas.

En résumé notre esprit réagit à toutes les variantes franches ou rapides. Peu importe la force de notre attention soutenue.

➡ **L'attention sélective** : nous l'avons déjà rencontrée précédemment. Votre attention filtre différents stimuli pour ne vous faire prendre conscience que d'un seul, comme dans l'effet « cocktail party ».

➡ **L'attention alternée** : celle qui coûte si cher à notre cerveau lorsque nous cherchons à porter notre attention sur plusieurs choses en même temps. Il me semble utile de préciser que, quoi que puissent vous dire certains membres de votre entourage, personne n'est capable de faire plusieurs choses très différentes en même temps. Il s'agit systématiquement d'une alternance. Même si la personne est capable de passer très rapidement d'une tâche à l'autre, son esprit considérera les actions comme des blocs distincts entre lesquels sautillera l'attention.

➡ **L'attention partagée** : c'est la première fois que je vous parle de ce sixième et dernier mode de fonctionnement. Il ressemble au précédent et entre presque en contradiction avec lui. L'attention partagée est la capacité de suivre plusieurs stimuli à la fois. « Mais Fabien ! Arrête de nous embrouiller ! Tu nous as dit que personne ne pouvait faire plusieurs choses en même temps. » Ne me criez pas dessus, je vous ai dit que la nuance était fine : l'attention partagée est une réaction à plusieurs stimuli complémentaires. Et ça mérite un encart.

LE CAS DE L'ATTENTION PARTAGÉE

Imaginez un caissier dans votre supermarché préféré. Il passe vos articles un à un, il a l'habitude de le faire. Inconsciemment, il sait que s'il n'entend pas le « bip » caractéristique validant le passage de l'article, il devra réagir pour le repasser (ou taper le code-barres ou appeler Michel dans le micro pour qu'il vienne en caisse 6). Pendant qu'il fait ce travail, vous vous mettez à lui parler pour lui demander si vous devez passer votre carte de fidélité maintenant ou plus tard et si vous pouvez avoir un sac en papier pour ranger vos courses.

Le cerveau du caissier est un très bon exemple d'attention partagée (heureusement, me direz-vous). Le caissier peut effectuer ces actions en même temps car elles font partie de la même tâche globale.

En salle de classe, les élèves doivent souvent être à l'écoute du professeur tout en regardant un schéma dans leur livre ou une note sur le tableau. C'est également de l'attention partagée puisque ces deux stimuli sont nécessaires en simultané pour réaliser la tâche « comprendre le cours ».

Lorsque vous conduisez votre véhicule sur l'autoroute, il vous arrive d'être en train de doubler sur la voie de gauche. Pendant cette action, votre vigilance est très sollicitée (du moins je l'espère), mais vous continuez simultanément de contrôler votre vitesse, votre rétroviseur et même votre GPS pour savoir si vous devez penser à vous rabattre afin de ne pas rater votre sortie. Votre attention est partagée dans la tâche unique « conduire ma voiture ».

Lorsque nous devons diviser notre attention, nous sommes quand même moins efficaces. C'est sûrement pour cela que, malgré tout, il arrive que de bons conducteurs respectant les limites de vitesse se fassent parfois flasher. Trop de partage de votre attention provoque des interférences dans votre cerveau. Il n'arrive plus à traiter correctement les informations arrivant de part et d'autre.

Après cette dissection quasi chirurgicale des différentes formes de l'attention, vous pourriez avoir le sentiment qu'il vaut mieux se servir de l'une que de l'autre. En réalité, nous utilisons les six modes de fonctionnement en permanence, en même temps et/ou en fonction de la situation.

Pour vous le prouver, prenons la situation où vous êtes en train de conduire. *A priori* vous avez besoin d'être éveillé si la voiture roule. L'*arousal* entre donc en jeu au moment même où vous démarrez le moteur. En roulant, vous devez être capable de réagir à tout ce qui se passe autour de vous pour savoir quand doubler, quand ralentir, quand tourner, etc., vous êtes donc en attention focalisée (sur votre conduite, évidemment). Mais votre trajet va durer un certain temps, vous n'avez pas le droit de faire attention seulement quelques minutes si vous avez une heure de route à enchaîner, vous allez donc utiliser l'attention soutenue. N'oublions pas le commerce de l'attention que nous avons dénoncé dans la deuxième partie ! Vous allez croiser des publicités sur votre trajet, des enseignes lumineuses de magasins, tous veulent capter votre attention pour annoncer un événement ou vous inviter à dépenser votre argent chez eux. Vous allez donc utiliser votre attention sélective pour ignorer ces informations. Afin de gagner du temps, vous allez passer un appel « mains libres » à votre collègue pour terminer de traiter un dossier professionnel à distance. Mais vous devez surveiller que votre enfant installé à l'arrière ne fasse pas de bêtises, vous êtes en attention alternée.

Et enfin, comme nous l'avons vu dans l'encart précédent, le simple fait de conduire demande d'utiliser l'attention partagée. Voilà pourquoi, lorsque vous arrivez à destination, vous êtes fatigué. Ça n'est pas de rester assis derrière le volant qui vous épuise, mais bien la sollicitation intense des six formes de fonctionnement de l'attention.

ANTICIPER UNE DÉCROCHE

Il existe différents signaux précurseurs d'une attention qui est en train de se faire la belle. Inutile d'être mentaliste pour savoir qu'un ventre qui gargouille signale qu'une personne a envie de déjeuner ! C'est la même chose pour l'attention (pas le ventre qui gargouille).

Quand vous vous focalisez sur un stimulus précis, vous êtes au guidon de votre vélo sur une route sécurisée. Vous devez fournir un effort pour avancer dans le bon sens, gérer l'équilibre pour ne pas tomber et maintenir fermement le guidon entre vos mains. Si vous pouviez sentir que votre attention commence à dévier, vous pourriez alors remettre les mains sur le guidon pour reprendre la bonne route.

Imaginez à présent que vous êtes sur votre téléphone pour écrire votre liste de courses avant de partir faire vos achats. Vous avez ouvert une note et, en passant de pièce en pièce, vous réfléchissez à ce que vous pourriez acheter pour ne manquer de rien. Pendant que vous faites le tour de la maison, votre meilleur ami vous envoie un SMS qui « pope » au milieu de l'écran avec comme message : « Tu pourras me dire si tu es dispo à un moment le week-end prochain ? » Puisque le SMS est apparu (c'est un distracteur externe) et qu'il s'agit de votre meilleur ami (provoquant chez vous une émotion favorable), votre attention vient d'être capturée. En soi il n'y a pas de problème, c'est un fonctionnement normal et il n'y a rien d'alarmant à réagir à un SMS du moment que vous terminez d'écrire votre liste de courses avant de lui répondre ! Mais vous risquez plutôt d'avoir envie d'aller consulter votre agenda pour regarder votre disponibilité du week-end prochain, vous ouvrez alors l'application agenda et vous venez de faire tomber le premier domino d'une réaction en chaîne : votre attention est captivée par un nouveau geôlier, et ce n'est pas vous qui l'avez décidé ! Une fois l'agenda consulté, vous allez peut-être répondre à votre ami, puis voir la notification d'un e-mail qui vous intrigue, avoir envie de passer « quelques minutes » sur votre réseau social préféré ou simplement faire autre chose que terminer cette fichue liste de courses.

Le neuroscientifique spécialiste de l'attention Jean-Philippe Lachaux appelle ce phénomène la « captivation de l'attention ». Votre esprit est dirigé vers autre chose que l'intention initiale, et vous oubliez complètement le sujet initial. Savoir reconnaître que l'on est sur le point de changer d'activité est la meilleure solution pour s'assurer de revenir dans sa première intention (de remettre les mains sur le guidon). Votre corps aussi peut vous trahir en déplaçant votre attention ailleurs. Le phénomène est subtil : la pensée va entraîner une action, et cette action va déplacer votre attention.

Prenons comme exemple une conférence à laquelle vous voulez assister, mais qui s'insère un peu mal dans votre planning. Juste après l'événement vous avez un dîner important auquel vous ne pouvez pas vous soustraire. Vous écoutez la conférence avec sérieux et plaisir tout en gardant un œil sur le temps qui passe. Justement, la conférence va prendre fin dans moins de dix minutes ! Afin de ne pas perdre de temps au moment du départ, vous commencez à ranger les feuilles et les stylos que vous aviez sortis pour prendre des notes, vous vérifiez que les clés de votre voiture sont bien dans votre poche, vous… vous ne suivez plus du tout la conférence ! Vous l'entendez toujours comme un brouhaha lointain, mais vous n'avez plus la capacité de comprendre ou de retenir quoi que ce soit.

En mettant votre corps en mouvement (un mouvement non nécessaire à l'activité initiale) vous avez enclenché un mécanisme de projection mentale sur la suite de votre journée. Naturellement votre pensée s'est focalisée sur la tâche du dîner qui englobe : « ne rien oublier en partant », « se préparer sans faire de bruit », « penser aux personnes que l'on va rejoindre ».

Pour être capable de garder son attention au bon endroit, il faut être capable d'identifier immédiatement un écart, même physique, afin de la ramener immédiatement où elle devait être. C'est une gymnastique de conscience du présent qui demande de s'entraîner, au point de créer une habitude de vigilance. Avec le temps et l'envie, votre attention sera en alerte sur sa propre efficacité !

CE QUE VOUS N'AIMEZ PAS VOUS REND PLUS FORT

J'ai longtemps hésité avant de placer ce chapitre dans cette partie. Après réflexion il m'apparaît logique de mettre ce que vous n'aimez pas, du moins ce qui vous rend inconfortable mentalement, dans la partie des amis de l'attention, car **à chaque fois que vous lutterez contre ce que vous n'aimez pas, le bénéfice sera durable pour votre système cognitif.**

Le seul moyen d'améliorer son attention dans le long terme est de la faire progresser lorsque c'est nécessaire. Je distingue trois événements majeurs :

1. Avez-vous déjà ressenti la résistance mentale se mettre en action face à quelque chose que vous devez pourtant faire ? Par exemple trier des documents administratifs. Pourtant vous avez du temps devant vous, vous n'êtes pas épuisé et tous les papiers sont sur la table. Dans ces moments-là vous procrastinez, vous repoussez le moment. Ce qui est intéressant, c'est la sensation que vous percevez de votre cerveau : il semble ankylosé, pris dans un étau. Vous vous dites : « Allez, dans dix minutes je m'y mets vraiment », et une heure plus tard vous n'avez toujours rien fait. C'est en quelque sorte douloureux. Souvent, c'est parce que cette tâche ne va générer aucune dopamine alors que vous êtes probablement en manque. Si malgré cette sensation vous vous motivez, vous allez améliorer votre résistance au manque de stimulations et même gagner un peu de confiance en vous à la fin de cette tâche (le soulagement d'avoir terminé laisse place à la fierté de l'avoir fait).

2. Que vous réagissiez aux distracteurs n'est pas anormal. C'est un phénomène naturel et utile. Si vous marchez dans la rue et que je crie votre nom, vous allez tourner la tête par habitude. Si

vous marchez dans la campagne, de nuit, il est nécessaire que vous puissiez réagir à un bruit suspect ou à un buisson qui se mettrait à bouger sans raison apparente. Ce qui est difficile, c'est de résister à ce réflexe lorsqu'il n'est pas nécessaire de réagir. Par exemple, si vous êtes en train de lire dans le train et que le téléphone d'une autre personne sonne à l'autre bout du wagon ! Je comprends qu'il serait attirant de poser son livre, de souffler dans son coin, de pester mentalement, d'écouter pour savoir si la personne va oser décrocher et combien de temps ça va durer, etc. Mais, finalement, est-ce nécessaire ? Non. Vous auriez pu constater mentalement la sonnerie et l'occulter avec vos filtres mentaux. Si vous maîtrisez votre envie de réagir, vous « musclerez » la maîtrise de votre attention.

3. L'ennui, ce moment terrible où votre cerveau angoisse de ne plus recevoir les stimulations qu'il aime tant. Il y a deux phases notables dans l'ennui : celle qui précède l'ennui et celle de début de l'ennui. La phase qui suit, celle de l'ennui réel, est étrangement plus simple à vivre. Lorsque votre cerveau anticipe qu'il ne va plus être nourri de stimulations rapides et agréables, il angoisse comme un fumeur qui voit qu'il ne lui reste plus que deux cigarettes pour la journée. Et lorsque le moment d'ennui débute, votre attention court dans tous les sens pour trouver une solution. C'est ce qui explique en partie notre capacité à dégainer notre téléphone dans toutes les situations. En reconnaissant votre peur de l'ennui lorsqu'elle se présente, et surtout en l'acceptant, vous pouvez faire baisser votre niveau de stress et œuvrer à la guérison de vos réflexes d'addiction.

Si vous arrivez à lutter dans les trois circonstances que je viens de présenter, c'est-à-dire si vous arrivez à vous mobiliser sur quelque chose qui ne vous attire pas, à ne pas réagir à ce que vous savez être non essentiel et à accepter l'ennui : **vous pourrez renforcer la qualité de votre attention rapidement et durablement.**

LES TROUBLES DE L'ATTENTION

Au début de ce livre, je vous ai demandé de prendre en compte que je n'étais ni médecin, ni chercheur académique dans le domaine de l'attention. Figurez-vous que ça n'a pas changé, je n'ai pas magiquement trouvé le moyen d'obtenir un triple doctorat le temps de votre lecture. Pour autant il ne me paraît pas concevable de traiter d'un tel sujet sans aborder les différents troubles de l'attention qui ne sont pas créés par des facteurs externes. Aussi, vous trouverez dans ce chapitre des définitions, un état des lieux, des pistes à suivre. Mais si vous envisagez de vous renseigner plus précisément ou d'accompagner une personne souffrant d'un trouble de l'attention, je vous invite vivement à consulter un professionnel de santé dont c'est la spécialité.

Le TDA/H

Vous avez déjà entendu les termes TDA ou TDAH. Cet acronyme signifie « trouble du déficit de l'attention avec ou sans hyperactivité ». Ce trouble se diagnostique par une combinaison de facteurs (plus ou moins présents) tels que l'impulsivité, le déficit attentionnel et l'hyperactivité motrice.

On diagnostique généralement un TDA ou un TDAH durant l'enfance, avant l'âge de 12 ans. Si les trois facteurs se manifestent et restent présents durant une période de plus de six mois et s'ils ont un impact notable sur la vie sociale (notamment scolaire), alors on considère que le trouble est avéré.

À ce jour la science n'explique pas encore les causes d'apparition de ce trouble. Aucun consensus ne se dégage. S'il convient donc d'être prudent sur les causes d'un TDA/H[19], il existe des certitudes sur ce qui n'est pas en lien avec l'apparition d'un TDA/H.

19. Cette notation est la plus fréquente pour signifier « avec ou sans hyperactivité ».

Le trouble ne survient pas à cause d'une mauvaise volonté de l'enfant, d'une paresse intellectuelle ou d'un manque de motivation. L'environnement scolaire, la méthode d'apprentissage ou les intervenants scolaires ne sont pas en lien avec le fait de développer un TDA/H. Un environnement familial compliqué, une défaillance de l'éducation ou un stress psychologique causent des difficultés certaines à l'enfant, mais dans d'autres domaines que le TDA/H et n'en sont pas à l'origine. Enfin, il ne faut pas conclure trop rapidement à un TDA/H. Il est fréquent qu'un enfant puisse avoir des périodes d'activité plus ou moins intenses : un rythme de vie différent ou l'excitation d'un événement peuvent perturber sa capacité de concentration de manière occasionnelle. Il arrive même que le manque de concentration soit la conséquence d'un problème de vision ou d'audition qui n'a pas encore été décelé. L'enfant n'arrivant pas à suivre correctement, il décroche de ce qu'on lui dit et peut montrer des signes d'impatience. C'est pour cela que la durée des facteurs importe tant dans le diagnostic.

Pour résumer, le DSM-IV[20] décrit le TDA/H comme « un mode persistant d'inattention et/ou d'hyperactivité impulsivité, plus fréquent et plus sévère que ce que l'on observe habituellement chez des sujets d'un niveau de développement similaire ».

Un trouble pour toujours ?

Le TDA/H n'est pas figé dans le temps. Plusieurs études cliniques ont démontré que le traitement à base de médicaments n'avait pas beaucoup d'impact sur le trouble. En apparence, l'enfant peut avoir l'air « plus calme » mais le médicament n'agit pas réellement sur le TDA/H. Il traite certaines conséquences, mais pas la cause. La science recommande de s'orienter vers des thérapies cognitives ou

20. *Diagnostic and Statistical Manual of Mental Disorders* (« Manuel diagnostique et statistique des troubles mentaux »), 4e édition. Il s'agit de l'ouvrage de référence, publié par l'Association américaine de psychiatrie, qui décrit les symptômes de l'ordre du mental.

comportementales qui améliorent de façon significative les effets du trouble dans la vie quotidienne.

Ce trouble touche environ 5 % des enfants et moins de 3 % des adultes. Rien n'est définitif, le TDA/H a tendance à se stabiliser voire à s'atténuer avec les années. Soit naturellement, soit parce que les personnes atteintes ont appris à mettre en place des stratégies pour compenser ce déficit. Chez certaines personnes, le TDA/H peut complètement disparaître ou, dans de rares cas, s'aggraver.

En 2021, la fédération mondiale du TDA/H a décidé de publier le premier document réunissant tous les consensus scientifiques disponibles à cette date sur le sujet. Leur but est de contribuer à l'amélioration de la prise en charge de ce trouble, mais aussi de tordre le cou aux idées reçues qui font parfois qu'une personne mal informée confonde TDA/H et effet de mode. Si vous voulez creuser cette connaissance, je vous invite à consulter le document disponible sur Internet[21].

Chez l'adulte

Le TDA/H chez l'adulte se diagnostique également auprès d'un professionnel qui va étudier la fréquence de certains comportements dans les contextes de vie personnelle, familiale et professionnelle. Il va, entre autres choses, vérifier si au moins cinq critères d'inattention et/ou d'impulsivité se manifestent dans une liste définie.

Si vous faites partie des adultes atteints de ce trouble, je vous invite tout d'abord à vous éduquer sur le sujet. Vous n'avez pas décidé de cet état de fait et vous n'en êtes pas responsable. Ce n'est pas une question de volonté. En lisant des livres dédiés à ce sujet, vous serez

21.

ensuite à même de communiquer efficacement aux autres les bases nécessaires pour qu'ils comprennent votre fonctionnement. Vos principaux enjeux seront la gestion de votre humeur et la gestion de vos performances. Les outils et solutions du chapitre suivant pourront vous aider à mettre de bonnes stratégies en place, mais ne remplaceront pas un accompagnement professionnel et personnalisé.

Conclusion

Comment ça va ? Je vous pose une vraie question en rupture avec le texte ! Comme vous ne pouvez pas encore me répondre à travers le temps, je vais reformuler : constatez comment vous vous sentez. Êtes-vous fatigué ? Votre esprit commence-t-il à divaguer ? Je vais faire quelque chose qu'un auteur ne devrait jamais faire. Je vais vous révéler ce qui ne va pas durant votre lecture actuelle !

Normalement, si vous comparez le plaisir que vous ressentiez au début de votre lecture et celui que vous éprouvez en entamant cette conclusion, il y a de fortes chances pour que vous constatiez une chute. Cette baisse de plaisir et de motivation s'explique (je vous dirai pourquoi dans quelques paragraphes). Pour garder votre attention et continuer à stimuler votre lecture, je vais faire une deuxième chose qu'un auteur ne devrait pas faire : changer la forme de mon écriture (en réalité nous l'avons déjà fait plusieurs fois dans le livre) et faire d'une « conclusion » le passage le plus long de la partie. Ne vous inquiétez pas, je suis un professionnel du rythme, je suis entraîné pour ce genre d'acrobaties.

Que vous ayez lu ce qui précède la même journée ou sur plusieurs jours, le plaisir décroît inévitablement. D'abord parce que vous avez réalisé les deux tiers de l'effort nécessaire à fournir pour lire ce livre. Votre cerveau est un gestionnaire de ressources et il va délivrer les efforts nécessaires en fonction de ce qu'il vous reste à accomplir. L'art de gérer les ressources, c'est surtout l'art de prévoir le futur. Vous savez maintenant pourquoi, lorsque vous avez envie d'aller aux toilettes, vous êtes capable de vous retenir tout un trajet, mais qu'au moment où vous mettez la clé dans la serrure de votre maison, vous avez la sensation que l'urgence est absolue (je suis désolé d'avoir pris cet exemple et d'avoir réveillé ce souvenir, mais soyez honnête, s'il y a bien une expérience commune à toute l'humanité, c'est celle-là).

Il n'est pas question de toilettes ici, mais de voir la fin du livre arriver. Votre attention se relâche car elle sait qu'elle a déjà fourni la majorité de l'effort nécessaire pour accomplir cette tâche. Lorsque vous avez ouvert la préface, la toute première fois, il y avait un mystère. Quoi de plus agréable et stimulant qu'un mystère ? Tout y est possible. Vous aviez des espoirs, une certaine excitation (toutes proportions gardées : je vous imagine mal sautillant de joie en ouvrant la préface) de ce que vous alliez découvrir. Commencer un ouvrage traitant d'un sujet que l'on veut approfondir actionne les mêmes mécanismes cérébraux que lorsqu'on ouvre un cadeau, que l'on reçoit une lettre chez soi (identifiée comme n'étant ni une facture, ni un rappel du centre des impôts) ou que l'on gratte un jeu d'argent édité par la Française des jeux. L'afflux chimique qui a été envoyé au tout début est largement consommé par votre cerveau depuis et ne reviendra pas une deuxième fois.

Vous avez aussi augmenté considérablement votre niveau de connaissance vis-à-vis du sujet de l'attention et de la concentration. Votre esprit a donc également l'impression que l'objectif initial est rempli de façon satisfaisante et il commence à vous proposer d'arrêter (résistez, le meilleur reste à venir !).

Enfin, votre attention a diminué car vous venez de traverser un chapitre consacré à une forme de connaissance plus académique. Un peu moins de fun, un peu moins d'interactivité. Cette variation était nécessaire pour vous transmettre de l'information.

Si à la question « Comment ça va ? » vous avez répondu « Ça va », mais qu'en vous analysant vous avez constaté moins de plaisir et une attention plus faible : c'est normal. Mais vous allez poursuivre la lecture, n'est-ce pas ? Parce que depuis quelques minutes vous savez que la résistance à ce qui ennuie votre cerveau est l'un des meilleurs moyens d'améliorer durablement vos capacités mentales.

Afin de faciliter cette résistance, cette conclusion va être un long chapitre clôturant cette partie. Une discussion entre nous. On oublie les mots compliqués et les sous-parties de sous-catégories de poupées russes dans le cerveau !

Je voudrais vous raconter pourquoi l'attention est un sujet qui m'importe tant. Parce qu'elle impacte nos futurs individuels. Très jeune, j'ai dû m'occuper seul. Ma sœur et mon frère avaient peu d'écart d'âge, mais j'en avais un gros avec eux. Nous n'avions pas les mêmes jeux, les mêmes envies. C'est comme ça que je suis tombé « addict » à la bibliothèque de mon village. J'ai commencé par lire de la fiction pour mon âge puis j'ai découvert qu'il y avait des livres avec de la connaissance. Mieux ! j'ai découvert qu'il y avait des livres avec des recettes de compétences, que je pouvais appliquer ! Je ne suis pas devenu chirurgien à l'âge de 8 ans, mais j'ai appris à me servir de ma mémoire, à faire du jonglage ou encore à parler les rudiments de l'espéranto avant mes 10 ans grâce à la lecture.

Le souvenir le plus amusant que j'ai dans ma relation aux livres est celui de l'informatique. J'ai été très tôt attiré par la technologie, je la trouve toujours passionnante. Au début des années 1990, les premiers ordinateurs tournant sous Windows 3.11 arrivent chez Monsieur et Madame Tout-le-Monde, mais le prix de ces machines est beaucoup trop élevé pour le modeste budget familial que ma mère tenait dans ses mains avec brio. Pour satisfaire mes envies et ma soif de connaissance, ma mère avait accepté de m'abonner à un magazine spécialisé dans les ordinateurs et le système d'exploitation de Microsoft. Je me souviens que le magazine était livré mensuellement, avec une épaisseur promettant de longues heures de lecture, accompagné de deux disquettes contenant de petits programmes que je ne pouvais pas installer (mais que je rangeais méticuleusement dans une boîte à disquettes). Il en fallait, des efforts d'attention, pour essayer de comprendre et de ressentir sans pouvoir faire de mise en application directe. Tout se passait dans ma tête. J'imaginais même ce que je pourrais m'amuser à faire si nous avions eu la chance d'avoir un ami ou de la famille qui possédait le précieux objet. Cette relation platonique à l'informatique a duré quelques années, je complétais mon savoir avec des lectures au CDI de mon collège et les quelques magazines dont des habitants faisaient don à notre bibliothèque communale.

Durant cette période, j'accumulai le moindre franc pour pouvoir m'offrir mon propre ordinateur. Du haut de mes 12 ans, j'allais faire le ménage dans le restaurant du village, je mettais de côté les petites sommes que l'on peut recevoir aux occasions spéciales et je tentais tant bien que mal de ne pas dépenser l'argent de poche que mes parents arrivaient à me donner. Un jour, après avoir regardé un de ces films américains où les préadolescents de mon âge peuvent gagner de l'argent en distribuant des journaux ou en faisant la tonte des pelouses, je me dis que je devais faire quelque chose de similaire. Je bricole alors des annonces : « Informatique – Jeune homme disponible pour donner des cours d'informatique ou pour réparer votre ordinateur », et je pars les déposer dans tous les commerces alentour. Vous vous dites peut-être : « Mais Fabien voulait réparer des ordinateurs et donner des cours d'informatique alors qu'il n'avait jamais touché un ordinateur ? » Oui, vous avez bien résumé la situation.

Le téléphone sonne un après-midi ! Mon premier contrat ! On m'appelle pour réparer un ordinateur qui – je cite – s'allume bizarrement. Et pour avoir un cours particulier si j'arrive à le dépanner. Sauf que la personne à l'autre bout du fil est l'adjoint au maire du village ! Je ne sais pas pour vous, mais de mon côté je suis impressionné. Je me dis que s'il se rend compte de mon escroquerie d'inexpérience, je vais avoir de gros problèmes. Je pars chez lui, à quelques rues de chez mes parents, dans une maison bien plus grande que la nôtre. Je me rends compte aujourd'hui que c'était la première fois que j'allais seul chez une personne que je ne connaissais pas vraiment (notre village comptait 2 000 habitants, nous savions quand même qui était qui).

Je vous épargne une partie du suspense : j'ai réparé son ordinateur (impossible de me souvenir quel était le problème, j'ai peut-être simplement tout réinstallé). Je lui ai donné un cours particulier (je lui ai surtout expliqué comment faire les choses qu'il me demandait). J'ai continué à donner des cours dans le village, et à du beau monde en plus (y compris un représentant en matériel médical que j'ai accompagné pendant un an). J'ai pu accumuler assez d'argent pour acheter la moitié d'un ordinateur ! Mes parents, convaincus de mon intérêt, ont sacrifié des économies pour qu'à 14 ans je puisse enfin décrocher le Saint Graal.

Durant ces mêmes années, je découvrais le fonctionnement du cerveau qui me fascinait tout autant que les programmes informatiques, j'y trouvais beaucoup de similitudes dans la logique. Je me frottais à des énigmes en tout genre, je pouvais me casser la tête pendant des heures sur des jeux de logique ou sur des aventures du style « le livre dont vous êtes le héros ». Les problèmes de logique en contexte fonctionnaient à merveille sur mon intérêt. Les énigmes du style « Vous vivez avec plusieurs animaux. Tous sont des chats à part deux, tous sont des chiens à part deux et tous sont des lapins à part deux. Combien d'animaux vivent au total avec vous[22] ? » m'attiraient autant qu'elles m'agaçaient. Mais je me forçais à les résoudre en me disant que si d'autres arrivaient à trouver la réponse, je devrais y arriver à un moment donné.

Voilà pourquoi je veux défendre l'attention et sa protection dans notre société moderne. C'est grâce à une attention libre de stimulations parasites que j'ai pu lire autant, c'est parce qu'il n'y avait pas autant de sollicitations que j'ai pu me consacrer à une passion qui allait mettre des années à s'assouvir. C'est en ayant le loisir de faire des jeux de réflexion que j'ai pu renforcer mon système cognitif.

---

22. La réponse est trois animaux : un chien, un chat et un lapin.

Nous laissons se dégrader les réflexes attentionnels, la durée de notre concentration, et nous rendons addicts nos cerveaux aux stimulations fréquentes et faciles. Quels adultes allons-nous continuer de devenir ? **Et surtout comment vont se développer les passions, les connaissances, les compétences et les rêves des plus jeunes ?** C'est ce dernier point en particulier qui m'inquiète. J'ai écrit plusieurs livres sur le rapport au temps, sur la mémoire, sur la relation à l'échec, sur l'apprentissage, sur la manipulation mentale, etc., tous ont un point commun : l'attention y joue un rôle important, plus ou moins cachée dans l'ombre.

Et c'est la fin de la pause, il est temps de reprendre votre lecture. Comment vous sentez-vous maintenant vis-à-vis de votre lecture ? Avez-vous vu le temps passer en lisant cette conclusion ? Nous venons de détourner le sentiment d'ennui par l'utilisation d'une discussion sincère, une simple histoire avec un début, un milieu et une fin. À présent, vous êtes prêt à découvrir la quatrième et dernière partie du livre.

IL Y A TOUJOURS DES SOLUTIONS

Quel chemin nous avons déjà parcouru ensemble ! Je ne sais pas précisément ce que vous veniez chercher en ouvrant ce livre, mais nous avons défriché une large connaissance sur le sujet. Attendez une seconde, je vois des resquilleurs qui ont commencé par ce chapitre directement ! Si c'est votre cas, lisez la note en bas de la page[23].

Quoi qu'il en soit, vous avez appris beaucoup de choses sur votre attention, sur vous-même, sur l'organe merveilleux qui permet d'interpréter le monde qui vous entoure et même sur la société actuelle. Avez-vous remarqué que mon écriture est moins hachée qu'au début du livre ? Moins de blagues, moins d'interpellations. Parce que vous m'avez offert votre confiance, j'ai voulu vous offrir le meilleur de mes connaissances en écrivant un livre qui, par sa simple lecture, améliorerait déjà vos compétences d'attention.

Il est même probable que vous ayez lu ce livre plus rapidement que vos lectures habituelles. J'espère que vous constaterez l'incroyable facilité avec laquelle vous êtes arrivé à ce dernier chapitre, j'ai utilisé tout mon savoir-faire pour que mon écriture puisse inclure (visiblement ou discrètement) tout ce que cette connaissance pouvait offrir. J'éprouve une certaine fierté d'avoir fourni ce travail et je veux surtout vous prouver à quel point rien n'est irréversible quand il s'agit de reprendre la main sur sa concentration. Et ça tombe bien, nous terminons ce trajet par les solutions concrètes, les outils applicables dans votre vie pour faire des focus efficients, et nous parlerons même des produits du commerce qui peuvent vous aider et de leur efficacité (le cas échéant).

23. Je ne peux pas vous obliger à lire le livre dans l'ordre, sachez qu'il a été écrit et pensé pour agir à plusieurs niveaux sur votre connaissance, mais aussi sur votre attention. Maintenant que vous savez cela, vous êtes libre de continuer votre lecture ici ou au début de l'ouvrage, personne ne vous jugera.

COMMENT S'AIDER POUR ÊTRE FOCUS SUR UNE TÂCHE

Pour commencer, une méthode quasi clés en main. Évidemment, nous sommes tous différents, mais il m'importe de commencer cette partie par une sorte de recette optimale, une cartographie des astuces les plus utiles et pratiques pour avoir une attention soutenue lorsque vous devez être focus dans votre vie personnelle ou professionnelle.

Je vous donne les ingrédients et je vous laisse le soin de les doser pour créer la cuisine qui vous conviendra. Alors attention, avant de dire que l'un des ingrédients n'est pas à votre goût, il vous faudra le goûter (et si ma métaphore dure trop longtemps, dites-vous qu'il faut que vous essayiez chaque astuce avant d'en éliminer une ou plusieurs).

Les huit recommandations contenues dans les prochaines pages servent de solutions immédiates pour vous mettre en bonnes conditions mentales, mais également de premier entraînement pour le long terme. **L'attention et la concentration sont vertueuses, plus vous vous en servez correctement, plus il vous sera facile de vous servir !**

Ne faites qu'une seule chose à la fois

Mais qu'il est bon de courir dans tous les sens, de se sentir utile et vivant en faisant plein de choses en même temps ! Oui, c'est très attrayant de se sentir multitâche, d'avoir l'impression de tout gérer. En papillonnant d'une tâche à l'autre, nous avons l'impression (sincère, qui plus est) d'avancer sur tous les fronts, d'avancer plus vite. Le problème est que ce n'est justement qu'une impression, une illusion de notre perception.

Souvenez-vous du coût cognitif dont nous avons parlé, de ce que vous dépensez quand vous faites de la cuisine tout en écoutant un podcast et en surveillant votre petit dernier. En mode multitâche, à chaque fois que vous revenez sur l'une d'entre elles, votre esprit doit mobiliser ses ressources pour retrouver le contexte de cette tâche, s'en imprégner, retrouver les précieuses données qui vont lui être utiles, comprendre de nouveau le but et reprendre certaines de ses associations d'idées.

> Changer de tâche, pour votre cerveau, c'est un peu comme demander à un marathonien de s'arrêter au bout de 500 mètres, de tricoter une écharpe pendant trois minutes, puis de courir à nouveau 500 mètres, de tricoter à nouveau trois minutes, etc. Vous allez l'épuiser et il n'avancera pas à la hauteur de ses compétences (en plus il y a de fortes chances que vous finissiez avec une écharpe très moche).

Il arrive que l'on change de tâche parce qu'une nouvelle pensée est apparue par association d'idées. On le fait parce qu'on ne veut pas perdre le fil de cette pensée. Aucun problème ! Ne vous privez pas de cette fulgurance. Ayez toujours de quoi noter près de vous pour vous décharger sur le papier en notant cette idée ou cette future tâche. Vous éteindrez temporairement la petite ampoule qui s'était allumée dans votre esprit. Facile, non ? Je sais que votre esprit, qui prend du plaisir à s'éparpiller plutôt qu'à réaliser l'effort de rester sur une seule et même tâche, est en train d'accueillir ce que j'écris avec de petites réserves… Laissez-moi lui parler face à face, à ce cerveau récalcitrant : « Cerveau, tu es certainement très vif et très fort. Mais toutes les études faites autour du multitâche ont démontré qu'aussi rapide que tu puisses être, tu n'arrives pas à être plus performant que lorsque tu es concentré sur une seule chose à la fois. » Voilà ! Il faut parfois être ferme avec lui…

Faire une seule chose à la fois ne relève pas de la thématique de la tâche, mais plutôt de l'essence de l'action. Pensez aux ressources mentales que la tâche mobilise plutôt qu'au sens profond (ou au contraire général) de ce que vous faites.

Vous allez mieux percevoir ce concept avec cet exemple. Quand vous lavez vos carreaux et que, pendant qu'ils sèchent, vous en profitez pour vider et jeter la poubelle de la cuisine, vous êtes dans la même essence d'action pour votre cerveau. Vous utilisez les mêmes ressources cognitives (même si personne n'attend que ses carreaux sèchent, en fait). Pourtant « vider les poubelles de la cuisine » et « nettoyer les carreaux de la chambre » sont bien deux thématiques de tâches différentes. Mais elles utilisent les mêmes ressources cognitives : peu de réflexion et la motivation pour faire un effort physique.

Nouvel exemple, prenez une seconde pour répondre à cette question avant de lire la suite : si je relis ce livre en voulant améliorer le sens du texte tout en corrigeant les fautes, est-ce la même tâche ou pas ? C'est-à-dire suis-je en mode multitâche ou monotâche en faisant comme cela ?

Répondez intérieurement. La bonne réponse est : ce sont deux tâches différentes. Pourtant elles semblent emboîtées l'une dans l'autre, car elles font partie de la même thématique de tâche, mais pas du tout de la même essence d'action. Mobiliser mon cerveau pour identifier des fautes et les corriger n'utilise pas les mêmes ressources que si je mobilise mon esprit pour améliorer la qualité stylistique de mon texte. Pour l'anecdote, sachez que je fais douze relectures de mon texte final ! Chacune d'entre elles a un objectif précis et différent, où je porte mon attention sur un axe précis.

Profitez pleinement de votre réveil

À chacun de vos réveils, en particulier durant celui qui suit une bonne nuit de sommeil, votre cerveau se trouve dans sa meilleure condition de fonctionnement : il vient d'être nettoyé des impuretés durant la nuit, les fonctions cognitives se sont reposées, vos émotions ont fait un *reset* salvateur. C'est aussi le cas après une courte sieste en journée, à un moindre degré évidemment.

Si vous étiez dans un jeu vidéo, je vous dirais que votre jauge de concentration est à son maximum et qu'elle va ensuite baisser naturellement (si vous ne vous en servez pas spécialement) ou plus rapidement (si vous la sollicitez volontairement) au fur et à mesure du temps qui passe. En combien de temps précisément se vide cette jauge ? Difficile de savoir, cela dépend de votre énergie personnelle et de vos capacités actuelles d'attention, mais vous pouvez être certain que cette jauge reste pleine au moins soixante minutes. Plus vous entraînerez votre attention et plus ce temps de pleine énergie mentale augmentera. Personnellement, je pense être en pleine concentration pendant les trois heures qui suivent mon réveil.

Alors que faire de cet état de grâce ? Ou plutôt que ne pas faire pour ne pas altérer cet état trop rapidement ? Une fois réveillé, votre esprit est gourmand de découvertes, d'informations et de stimulations. Il se sent en pleine forme et veut consommer cette énergie extraordinaire.

Alors vous devez le protéger, c'est-à-dire ne rien faire qui pourrait vous faire ressentir des pensées négatives. Rien qui pourrait créer le fameux « Ah ! il faudra que je pense à ça » ou « Oh ! il faut que je m'occupe de ça encore ». Pas de mauvaises nouvelles, pas de sources de stress ou d'agacement.

Ma recommandation la plus facile à mettre en place est que vous restiez dans une bulle de déconnexion. Pas d'e-mails, de téléphone portable, pas de réseaux sociaux, de télévision ou de podcast au réveil. Vous pouvez vous adonner à la lecture si vous le souhaitez (sauf si c'est le journal avec les infos du jour), écouter de la musique sans aucun problème, avoir une réflexion ou en profiter pour réaliser une tâche sportive ou créative. C'est le bon moment pour prendre soin de vous !

Soyez conscient de cette belle capacité fraîche juste après votre réveil. À quel moment de la journée pensez-vous que j'écris le plus ? Le matin au réveil… et après ma sieste !

Sachez ce que vous faites

Êtes-vous certain de savoir toujours ce que vous faites au moment où vous le faites ? Probablement que oui dans les grandes lignes, mais dans l'instant il est toujours surprenant de se dire : « Qu'est-ce que je voulais faire, déjà ? » ou de constater que l'on n'est pas du tout en train de réaliser ce qu'on voulait faire initialement. **L'attention est infidèle** et si on ne la guide pas sur un chemin clair et défini en amont, alors elle se laissera tenter sur le trajet par tous les distracteurs qui se présenteront.

Vous connaissez au moins l'un des deux exemples qui suivent. Cette fois où vous vouliez ranger vos placards et à un moment donné vous avez constaté que vous étiez assis depuis trente minutes en train de lire un vieux cahier retrouvé ou en train de consulter un album photo. Une autre fois où vous avez pris votre téléphone pour regarder l'adresse d'un lieu sur Internet et où vous vous êtes retrouvé piégé en train de répondre à un groupe WhatsApp pour l'organisation de l'anniversaire d'un ami le mois suivant.

Dans ces deux exemples vos objectifs n'étaient pas assez définis et vous avez donné l'occasion à votre attention de trouver une certaine urgence ou une certaine importance à tous les distracteurs. **Vous manquiez d'intention**.

Pour aider votre attention, vous devez définir un objectif simple, clair et précis. Inutile de dire à votre cerveau que l'objectif des prochaines heures est de « progresser dans les révisions » ou de « trouver une idée pour relancer les ventes ». Ce sont des concepts trop généralistes qui ne renvoient aucune vision tangible pour votre cerveau. Votre concentration ressemble un peu à un enfant de 5 ans qui ne demande qu'à bien faire. Si vous lui dites : « Il faut que ta chambre soit impeccable », vous pourriez avoir de bonnes surprises en découvrant que les peluches sont toutes rangées sur le lit, mais vous pourriez aussi retrouver votre bambin plein de bonne volonté en train d'utiliser l'aspirateur directement sur le chat pour nettoyer ses poils !

En définissant précisément votre objectif et en trouvant une manière de le quantifier, de le matérialiser, vous allez au-delà de l'intention. Vous allez créer une rampe d'escalier permettant à votre attention d'être guidée pour vous faire progresser dans la bonne direction (je crois que je tiens ma meilleure métaphore du livre). Dans mon ouvrage précédent[24], j'expliquais à quel point il était nécessaire de pouvoir visualiser un résultat et d'avoir des critères pour vérifier que l'on avance bien. C'est la même chose ici. Si l'objectif doit être clair et quantifiable, il doit aussi être réaliste ! Plus votre vision s'approche de quelque chose de challengeant, mais d'atteignable, plus votre motivation viendra aider votre attention à rester focus sur la bonne cible. C'est pourquoi il est parfois utile de découper un objectif trop indigeste en une succession de tâches, de sessions ou de sous-objectifs plus raisonnables.

Je vous propose une application directe, un peu « méta », pour que vous ayez un exemple concret.

Aujourd'hui, j'ai dédié tout mon temps d'éveil à l'écriture de ce livre, je suis même allé m'enfermer une semaine du côté de La Rochelle pour fignoler le texte. Mon objectif est donc :

24. *Votre idée va devenir une réalité*, éditions First, 2023 ; Pocket, 2024.

« Avancer sur le livre sur l'attention. » C'est trop généraliste, non quantifiable et impossible de visualiser le résultat que j'attends. Je redéfinis donc l'objectif d'une manière plus simple et plus tangible. L'objectif du jour est : « Dédier tout mon temps disponible à l'écriture du livre sur l'attention. » Je peux maintenant visualiser concrètement ce que sera mon objectif du jour : « À la fin de la journée, je devrai avoir terminé le chapitre "Comment s'aider pour être focus sur une tâche". » C'est très « méta » puisque c'est le chapitre que vous parcourez en ce moment. Pour terminer, je cherche un marqueur me permettant de quantifier régulièrement mon avancée vers l'objectif : « Ce chapitre devra faire environ 3 000 mots. » C'est une estimation, bien sûr, mais mon expérience est capable de faire une approximation crédible du nombre de mots que je vais devoir écrire pour exprimer ma pensée.

Avec l'exemple, vous avez la méthode ! Cette représentation précise de l'objectif va aider votre esprit à prioriser ce qui est important et utile pour atteindre votre cible. Vous constaterez vos avancées dans le bon sens, et votre système cognitif sera de lui-même un allié pour ignorer les parasites.

Préparez-vous la veille

Louis Pasteur, le scientifique français pionnier de la microbiologie et illustre découvreur du vaccin contre la rage, a déclaré un jour que « la chance ne sourit qu'aux esprits bien préparés ». Sa phrase est si juste qu'on pourrait la remplacer par « la concentration ne sourit qu'aux esprits bien préparés ». Après tout, il arrive fréquemment d'entendre qu'untel a de la chance car il sait se concentrer de longues heures sur un sujet ou sur une tâche. Et si la chance n'avait rien à voir là-dedans ?

Avant de rentrer dans la mécanique de l'astuce, laissez-moi vous expliquer comment je baisse ma charge mentale quotidienne. C'est essentiel pour moi d'avoir cette charge au niveau minimum car, en surface (la partie consciente de mes pensées), cela m'évite de vivre des émotions désagréables ou du stress. De façon moins palpable, cela repose mes capacités cognitives (la fameuse jauge d'attention diminue moins rapidement).

Lorsque j'arrive quelque part (chez moi, au bureau, à un rendez-vous ou même au restaurant), ma première action est de **préparer mon prochain départ**. Il est moins coûteux mentalement de préparer son départ lors de son arrivée que de le faire au moment de partir. Tout d'abord votre corps est en mouvement, vous n'avez pas besoin de vous motiver à vous lever pour préparer vos affaires. Ensuite, votre esprit est encore en mode actif, tel que « nous sommes en déplacement », il n'a pas encore basculé dans l'état d'esprit nécessaire pour faire ce pour quoi vous êtes venu ici.

En arrivant dans un lieu, je regarde mon agenda et je prépare mon départ en fonction. Le manteau, les clés et les chaussures au bon endroit.
Si je dois emmener quelque chose, je le pose près du manteau, etc. Lorsque je rentre de tournée avec mon spectacle de mentalisme, je vide immédiatement ma valise, lance une machine

à laver si nécessaire, refais ma valise pour la prochaine date de tournée ou de conférence, puis me pose enfin pour boire un verre d'eau. Même en rentrant de vacances, je commence systématiquement par défaire mes bagages une fois passé le pas de la porte, je ne subis jamais la charge mentale du « Oh là là là là ! il faut que je m'occupe de ma valise et des affaires qu'il y a dedans ».

Il y a un avantage secondaire à préparer son départ lors de son arrivée, c'est que l'on profite à 100 % du temps ensuite, sans jamais être stressé par le temps qui passe. On peut se consacrer pleinement à ce que l'on était venu faire jusqu'à la dernière seconde.

Comment appliquer ce principe à votre concentration et à votre attention ? En préparant vingt-quatre heures en amont le terrain propice à votre tâche ou à votre sujet de concentration. Cette préparation concerne trois choses :

1. **L'objectif :** je ne vais pas m'étendre dessus, nous venons d'en parler ensemble précédemment.

2. **Les outils :** comme un artisan qui prépare sa boîte à outils, vous devez vous prémâcher le travail pour rassembler ce dont vous allez avoir besoin. Par exemple, vous devez faire votre comptabilité demain ? Alors, la veille, réunissez au même endroit vos relevés de comptes, vos tickets, vos notes de frais, vos codes de banques, etc. L'énergie mentale nécessaire pour préparer ses outils ne pioche pas du tout dans les mêmes ressources cognitives que celles nécessaires à ce que vous allez faire le lendemain.

3. **La zone** : sachez où vous allez faire ce que vous avez à faire et préparez au mieux le lieu. Référez-vous à la première partie de ce livre pour préparer le terrain en fonction de vos conditions idéales. Pour ma part, je vais par exemple préparer la playlist des musiques que je veux écouter en écrivant, plutôt que de me demander souvent quoi écouter. Si vous allez travailler derrière un bureau, dans une pièce, faites en sorte la veille qu'elle vous soit agréable, que vous n'ayez plus qu'à vous asseoir confortablement pour vous y mettre.

En plus des bénéfices que je viens d'évoquer, vous aurez éliminé des possibilités de distractions et d'éparpillement. Encore mieux, vous aurez imprégné votre esprit de votre volonté pour le lendemain.

Cette trace mentale va être macérée durant la nuit et votre cerveau sera encore mieux préparé à vous accompagner dans le focus que vous aviez décidé la veille.

Soyez seul au milieu du monde

Les prochaines astuces vont être centrées sur votre environnement, donc sur des solutions concrètes et instantanées. Les dernières concerneront un peu plus le travail de fond qui vous permettra de continuer à renforcer votre attention au niveau de sa puissance et de sa durée.

Lorsque vous entrez dans une phase de concentration, seul chez vous ou au milieu d'un bar bondé, vous changez de dimension pour devenir un Robinson Crusoé seul au milieu de son île. Malheureusement, des hordes de touristes peuvent débarquer à tout moment sur la plage pour vous déranger dans votre retraite. Ces touristes sont les amis, la famille, les enfants, les collègues, etc. Il y a aussi les feux spontanés qui peuvent s'allumer partout autour de vous sur la plage : ce sont les notifications, les e-mails, le téléphone, la sonnette de la porte, etc. Vous n'êtes plus disponible et ça doit être très clair pour tout le monde. D'expérience, je sais que beaucoup ne sont pas à l'aise de se positionner en « non disponible » dans la vraie vie, parfois vous ne pouvez pas l'être complètement pour des raisons légitimes (les parents qui télétravaillent se reconnaîtront). Vous le sentez venir ? Nous nous approchons de ce genre de contradiction où je vous sors de mon chapeau l'une de mes histoires personnelles. La vérité, c'est que vous devez être indisponible et disponible en même temps. Bonne nouvelle, j'ai essuyé les plâtres de ce dilemme avant vous.

Nous sommes en 2017 et je me retrouve à l'université de Lyon pour donner une conférence sur le cerveau. Deux heures que j'appréhende un peu car durant mes conférences je ne mélange pas les genres, je ne fais pas de tours de mentalisme comme en spectacle et j'ai toujours peur que le public présent n'ait pas saisi cette nuance et soit déçu. Mais tout se passe bien, les 500 personnes présentes dans l'amphithéâtre réagissent positivement. Après une séance de questions/réponses stimulantes, je pars vers la sortie pour rejoindre le stand de l'association qui organisait l'événement. Je me mets à la disposition des personnes pour signer un livre, prendre une photo ou simplement échanger quelques mots.

J'identifie rapidement un jeune homme sur le côté qui semble ne pas savoir où faire la queue. Je l'interpelle et lui propose même de passer devant rapidement car je vois qu'il attend depuis un petit moment. Il me répond que non, qu'il attend volontairement la fin. Je continue donc à accueillir individuellement les personnes voulant discuter avec moi et, après une petite heure, il ne me reste plus qu'à voir ce jeune homme à la patience rare.

Il me dit, les bras chargés de documents, qu'il est venu me présenter un de ses projets et plus généralement discuter avec moi de centres d'intérêt que nous semblons avoir en commun. Pour le canaliser, je lui explique en souriant que l'on n'aura pas le temps de faire tout ça, que je vais partir dans quelques minutes, une fois que nous aurons échangé. Je vois l'incompréhension dans ses yeux et il argumente que j'ai tout le temps nécessaire puisqu'il n'y a plus personne après lui. J'essaie de lui expliquer qu'après un trajet de trois heures de train, j'avais enchaîné avec une heure de voiture pour venir, suivie d'une heure de répétition, de deux heures de conférence, d'une heure de rencontre avec le public et qu'il me tardait d'aller dîner et de me retrouver dans le calme de ma chambre d'hôtel. Il me demande alors comment faire pour que nous puissions prendre ensemble un café, ou déjeuner ensemble, pour avoir la discussion qu'il souhaitait avoir avec moi.

C'est là où j'ai compris qu'il confondait l'accessibilité et la disponibilité. À sa grande déception, je lui ai expliqué que je n'étais pas disponible pour prendre les quelques heures que lui souhaitait. Que son envie ne pouvait pas automatiquement rejoindre les miennes. Que je ne pouvais d'ailleurs pas me rendre

> disponible selon le désir de chacun et qu'il était plus que probable que nous ne prendrions jamais un déjeuner ensemble.
>
> Cela peut sembler rude, mais il était important d'être honnête. Pour autant, je suis accessible à chaque instant. J'aurai toujours du temps pour un échange dans la rue, à la sortie d'un spectacle ou à distance même. La nuance entre l'accessibilité et la disponibilité n'est pas si ténue que cela finalement, ces deux termes expriment deux choses très différentes. C'est ce qui me rend non disponible en étant quand même disponible. Le paradoxe n'en est pas un.

C'est la même chose que vous devez mettre en place lorsque vous souhaitez être concentré sans perturbation extérieure, vous devez vous rendre indisponible mais accessible. Voyons comment faire concrètement. Retournons dans notre métaphore initiale, vous êtes de retour sur votre île (pas si) déserte : comment allez vous gérer les touristes pour être accessible sans rompre votre concentration ?

➡ En premier lieu, vous pouvez commencer par informer le monde de vos intentions. Soit directement, par exemple en expliquant à la cantonade du bureau que ce matin vous avez besoin qu'on vous laisse travailler sans interruption sur un dossier important. Soit indirectement, par exemple en mettant un gros casque sur vos oreilles, qui diffusera de la musique ou non, mais qui enverra un message assez clair sur votre manque de disponibilité.

➡ Dans un second temps, vous devez apprendre à dire non. Comme dans mon anecdote de vie, vous devez rester maître de votre énergie et de votre attention. Dire « non » est une obligation sociale lorsque l'on veut se concentrer durablement sur une tâche. En soignant la forme de votre « non » vous pourrez expliquer pourquoi, donner la clé pour obtenir un « oui » (s'il en existe une) et ne pas frustrer la personne sans justification honnête.

> Imaginons que votre conjoint vienne vous montrer sa dernière trouvaille sur Internet alors que vous étiez plongé dans un livre dense que vous vous étiez promis de terminer. Vous pouvez lui dire : « Non, je ne vais pas être attentif à ce que tu vas me montrer car je suis plongé dans mon livre. Si tu le veux bien, nous pourrons regarder ça juste avant de dîner. » Identifiez plusieurs points essentiels :
>
> ➡ Le « non » : il est non négociable et sans ambiguïté.
>
> ➡ La forme : elle est respectueuse et sans reproche.
>
> ➡ La justification : elle est rapide mais témoigne néanmoins de votre accessibilité.
>
> ➡ La solution : car la raison de votre refus n'est pas le fond de la sollicitation. C'est simplement le mauvais moment.

Vous pouvez décliner ces quatre points dans toutes les situations. Parfois la solution est de demander à un collègue de vous envoyer un e-mail auquel vous répondrez à tête reposée en fin de journée.

Pour conclure sur cette cinquième astuce, retour sur l'île déserte. Au lieu d'éteindre les feux qui peuvent apparaître partout sur la plage, vous allez préférer enlever tout ce qui pourrait s'enflammer ! Sans combustible, plus de feu ! Donc *exit* les notifications visuelles ou sonores de vos appareils électroniques. Vous pouvez débrancher la sonnette de votre porte d'entrée. Bref, faire en sorte que rien ne puisse allumer une petite ampoule dans votre esprit. Je sais que vous le saviez déjà (n'oubliez pas que je suis mentaliste quand même) et je sais aussi que vous ne le faites pas assez (et vous saviez que je le savais). **Les choses simples sont celles que l'on met le moins en place.** C'est dommage car ce sont souvent des solutions efficaces, nous sommes biaisés par un excès de confiance qui nous fait croire que : « Non, je ne coupe pas les notifications, mais je ne regarderai pas, je n'en ai que pour trente minutes et je suis capable de ne pas être perturbé par ça ! » Souvenez-vous que c'est le même biais qui fait qu'une personne alcoolisée se dira qu'elle est quand même capable de conduire prudemment.

Que vous le vouliez ou non, votre attention sera toujours affectée par un distracteur externe (même si vous ne succombez pas à l'envie d'y réagir) puisque l'énergie nécessaire pour y résister sera puisée dans votre stock de volonté.

Préparez le terrain efficacement

Nous avons évoqué la sieste, bénéfique même si sa durée est courte. Être bien concentré, avec une attention optimale, c'est aussi avoir pris soin de son corps. Cette grosse machine complexe qu'est votre corps a des besoins. Vous êtes trop fatigué mentalement ? alors commencez par faire une pause.

Attention ! Une vraie pause, celle où vous ne sollicitez pas votre cerveau en le stressant sur Candy Crush ou en le bombardant d'informations en scrollant TikTok. Une vraie pause, c'est ne rien faire. Vous pouvez utiliser la technique des 120 secondes du début du livre, vous asseoir face à la fenêtre pendant cinq minutes ou aller marcher dix minutes. Vérifiez également vos besoins primaires : on ne fait pas preuve d'une belle concentration quand on a la vessie pleine ou quand on a trop chaud. Prenez le temps d'être bien dans votre corps.

Passons ensuite au carburant. Il n'y a que trois jauges à vérifier : l'oxygène, l'eau et la nourriture.

Prévoyez d'être dans un endroit où l'air a été renouvelé, où la pièce n'est pas saturée en CO_2 à cause de trois autres personnes qui travaillent au même endroit depuis des heures et qui n'ont jamais ouvert la fenêtre.

Hydratez-vous correctement et régulièrement. N'oubliez pas que lorsque vous avez envie de boire un verre d'eau, c'est que votre corps (et donc votre cerveau) est déjà déshydraté.

Enfin mangez équilibré, des choses digestes (sinon vous allez repartir à la sieste) vous fournissant les bons nutriments pour travailler. Évitez les sucres rapides qui boosteront vos performances, mais qui retomberont d'un coup sec en vous faisant ressentir un énorme coup de barre. Évitez également les aliments riches en graisses saturées que votre corps aura du mal à synthétiser.

Pour finaliser cette petite préparation, essayez d'avoir un **rituel de lancement**. Les rituels, les habitudes, sont très puissants pour mettre votre cerveau dans le bon état d'esprit. C'est d'ailleurs pour ça que l'on crée des rituels de coucher pour les enfants. Votre cerveau reconnaît le rituel et met déjà en place ce qu'il faut en anticipant les ressources que vous utiliserez après ce rituel. Vous pouvez par exemple vous dire qu'avant de vous mettre en état de focus sur une tâche, vous allez vous passer un peu d'eau sur le visage, vous servir un verre d'eau et lancer la même playlist musicale.

> Je vais vous confier mon rituel : lorsque je veux être bien concentré comme aujourd'hui, je commence par me faire couler un café (que je boirai ou que j'oublierai à côté de moi). Ensuite je me rhabille, non pas que je sois sans vêtements juste avant, je ne suis pas Victor Hugo[25] ! J'aime juste remonter mes chaussettes, refaire mes lacets, réarranger mes vêtements. Je lance ensuite la musique, et mon cerveau reconnaît inconsciemment les conditions de « Fabien veut être concentré ».

Si vous n'avez pas encore de rituel bien à vous, je vous recommande une technique d'ancrage efficace, inventée par Ellen Hendriksen. Ellen est psychologue clinicienne, elle exerce à l'université de Boston. Sa méthode est dite « de pleine conscience ». La technique s'appelle le *5-4-3-2-1*, elle peut être faite n'importe quand et discrètement, sans se faire remarquer. Il m'est arrivé de la faire dans le train juste avant d'arriver à destination pour me recentrer entre le moment où je travaillais sur mon ordinateur et le moment où j'allais rencontrer les personnes m'accueillant à la gare pour le spectacle du soir.

Le 5-4-3-2-1 utilise les cinq sens pour faire descendre la pression mentale et interrompre les pensées parasites. La technique me rappelle les créateurs de parfum que j'ai pu voir travailler à Grasse. Entre plusieurs respirations d'essences de plantes, ils plongent leurs nez dans des grains de café pour respirer leur odeur. Ils m'ont

25. Pour s'obliger à avancer dans son roman, Victor Hugo écrivait nu ! Son personnel de maison avait ordre de ne lui rendre ses vêtements que s'il était capable de leur présenter un chapitre terminé.

expliqué que l'odeur des grains de café remettait à zéro leurs compétences olfactives.

C'est pareil avec cette méthode, mais pour votre cerveau ! Une sorte de nettoyage qui vous donne ensuite le champ libre pour vous concentrer sur ce que vous voulez.

LA MÉTHODE DE PLEINE CONSCIENCE

5. **La vue :** observez votre environnement calmement et cherchez à identifier cinq choses qui s'y trouvent et qui peuvent marquer votre attention. Ça peut être des choses belles, intrigantes, utiles, etc. Tant que ça n'est pas quelque chose d'angoissant, alors la chose que vous allez identifier est valide. Regardez simplement ces cinq éléments.
4. **L'ouïe :** faites l'effort de recenser quatre sons distincts plus ou moins proches de vous. Cela peut être la musique de la radio à côté de vous jusqu'au marteau-piqueur qui retentit à deux ou trois rues de là. Une voix, un son, une mélodie, tout est accepté. Identifiez simplement ces quatre éléments.
3. **Le toucher :** sans bouger, cherchez à ressentir trois sensations différentes sur votre corps. Le contact de votre bague avec votre doigt, un courant d'air dans votre cou, votre pull sur vos bras ou encore votre talon contre la chaussure. Observez mentalement ces trois sensations qui étaient là, mais que vous ne conscientisiez pas encore.
2. **L'odorat :** ça se complique un peu. Nous n'avons pas l'habitude de solliciter volontairement notre odorat et il est possible que l'environnement où vous vous trouvez ne soit pas très riche en informations olfactives. Essayez quand même ! Actuellement vous avez par exemple la possibilité de sentir l'odeur du papier (et de la colle à papier si le livre est encore neuf). Vous pourriez sentir

une odeur de nourriture, un parfum, l'odeur de la pluie, etc. Essayez d'identifier deux odeurs différentes.

1. **Le goût :** rassurez-vous, vous n'allez pas devoir coller votre langue sur les objets qui vous entourent. Votre goût est toujours actif, il ne possède pas de bouton *on/off*, pourtant vous ne conscientisez ces informations que lorsque vous mangez ou buvez quelque chose. Pour cette étape, vous pouvez simplement vous concentrer sur le goût naturellement présent dans votre bouche ou bien stimuler votre goût en mettant de la nourriture, une boisson ou une gourmandise dans votre bouche.

La méthode du 5-4-3-2-1 mélange les principes de la pleine conscience et de la méditation rapide. Elle a initialement été pensée pour diminuer le stress et l'anxiété (les domaines de compétence d'Ellen Hendriksen). S'il semble facile de faire ces cinq étapes, vous constaterez que plus vous l'utiliserez, plus vous serez entraîné et plus vous aurez de résultats après l'avoir utilisée.

De cette sixième astuce, retenez qu'il n'est pas vain de préparer le corps et l'esprit à se concentrer. Et que ces mêmes techniques permettent de reprendre la main sur une attention dispersée à tout moment de la journée, même si vous n'avez pas un but spécifique ensuite ou une tâche particulière à réaliser.

Optimisez la durée de votre attention

Nous arrivons aux deux derniers points. Ceux qui vous permettront d'améliorer une session où vous voulez être focalisé sur une tâche particulière, mais qui, avec de la pratique, vont améliorer votre capacité de concentration ainsi que la puissance et la précision de votre attention. Une étude de l'École polytechnique fédérale de Lausanne, publiée fin 2020, a augmenté notre connaissance du sujet en prouvant que les interruptions ont un réel impact sur les hormones de stress dans notre corps. Quand on vous stoppe, le cerveau s'agace. On s'en doutait, maintenant on le sait !

Si l'on s'en tient au test de vigilance que Norman Mackworth, psychologue cognitif britannique, a conçu pendant la Seconde Guerre mondiale pour les opérateurs qui regardaient les radars, la durée idéale pour une attention optimale est de vingt-cinq à trente minutes pour un individu sans trouble particulier. Pour une concentration normale, comptez une à deux heures d'efficacité réelle avant que vos performances cognitives ne réduisent leur efficacité concernant la tâche que vous effectuez.

Il n'y a pas de chiffres officiels sur la durée de la concentration, je ne fais que croiser des données, prendre en compte des consensus, intégrer les travaux d'Anders Ericsson (chercheur et professeur en psychologie, spécialisé dans les performances humaines). Loin de pouvoir vous donner un chiffre rigoureusement scientifique, j'ai voulu tendre vers l'hypothèse la plus crédible.

> Que retenir de tout ça en termes de durée optimale ? Tout d'abord que vous ne regardez pas des radars toute la journée pour détecter une menace éventuelle. Donc il y a de fortes chances pour que votre concentration puisse tenir plus de trente minutes d'affilée (ouf !). Ensuite que vous n'êtes pas l'un des champions étudiés par Norman Mackworth, qui étaient capables de faire deux ou trois sessions intenses de 90 minutes de travail par jour. Votre temps de concentration est probablement situé aux alentours d'une heure. En une heure, on peut faire beaucoup de choses ! Y compris oublier de s'arrêter au bout d'une heure, surtout

si on est concentré et absorbé dans ce que l'on fait. Mais si vous voulez reproduire cette heure de concentration, il vous faudra faire une pause afin de reposer vos capacités mentales. Je vous recommande de mettre une alarme (agréable à l'oreille) si vous ne voulez pas surveiller votre montre régulièrement (encore une manière d'alléger votre mental).

Restez concentré une heure maximum, et faites une pause d'au moins 10 minutes avant d'entamer une nouvelle session. C'est le meilleur rythme que je puisse vous recommander. Il est possible que cette durée soit trop longue au départ, dans ce cas commencez par 45 minutes ou 30 minutes. Augmentez vos sessions dans le temps lorsque vous serez plus habitué à cet effort.

À toutes fins utiles, sachez que j'ai augmenté ma concentration jusqu'à atteindre une durée de deux heures, parfois un peu plus. Mais le prix à payer est une longue pause derrière et surtout les sessions qui suivent sont de plus en plus courtes. Il n'y a pas de raccourcis magiques lorsque l'on parle des performances du cerveau humain.

Pour conclure sur cette astuce, retenez que votre concentration se mesure à l'aide de deux critères :

- **la force de votre concentration, votre capacité à ne pas vous laisser distraire par des facteurs internes ou externes quand vous souhaitez vous concentrer sur une tâche précise ;**

- **la durée maximale où vous pouvez maintenir cette force de concentration.**

Apprenez à vous entraîner

L'attention, nous l'avions comparée à un faisceau lumineux que nous pouvons orienter dans une seule direction. S'il est essentiel d'avoir des astuces pour se concentrer sur une tâche précise, il ne faudrait pas négliger l'entraînement permanent.

> Lorsqu'un sportif veut se lancer dans son premier marathon, l'exploit que l'on applaudira sur la ligne d'arrivée n'est pas d'avoir couru 42,195 km, mais plutôt sa détermination à s'être entraîné pendant des mois en vue de cette course éphémère. Son entraînement lui aura permis de réaliser une performance, mais aussi de protéger son corps d'un effort trop intense. Car il n'est pas naturel de courir une telle distance en quelques heures. Et ceux qui s'y frottent sans être préparés le paient souvent par un abandon (ou un séjour dans la tente des premiers secours).

Pour l'attention, c'est la même chose. En vous entraînant régulièrement, vous allez vous préparer à être plus performant quand vous aurez besoin de l'utiliser de manière soutenue, vous éviterez une mise en échec et vous allez renforcer sa protection pour qu'elle papillonne moins dans votre quotidien. Voici quelques exercices que vous pouvez faire régulièrement, sans peine.

➡ La méthode 5-4-3-2-1 décrite précédemment dans ce chapitre.

➡ Le jeu des 120 secondes à retrouver page 45.

➡ La contemplation d'un dessin, d'un objet ou d'un paysage pendant une à cinq minutes. Vous devez regarder la chose en question, sa texture, sa forme, ses couleurs, tout en essayant de laisser s'échapper toutes les pensées qui vous viennent à l'esprit.

➡ La contemplation de votre respiration : en observant 10 à 15 cycles complets d'inspirations/expirations. Prenez conscience de la circulation de l'air par votre nez, de vos poumons, de cet air chargé de CO_2 qui est expulsé de votre corps.

➡ La mémorisation photographique : regardez quelque chose, fermez les yeux et essayez de vous en souvenir le plus précisément possible, ouvrez les yeux pour vérifier. Vous pouvez même le faire dans les transports en commun en observant une personne rapidement et en essayant de vous souvenir de ses habits, des couleurs de ses vêtements, de ses cheveux, etc.

En effectuant ces exercices sur des moments opportuns, ils ressembleront à de petits jeux rapides, vous allez densifier votre attention sur le long terme. Vous allez l'habituer à se réguler et à ne pas se faire happer par les pièges habituels.

Si vous vous demandez s'il existe des choses essentielles ou un incontournable pour améliorer encore plus durablement l'attention, alors poursuivez d'une ligne votre lecture.

COMMENT AMÉLIORER SON ATTENTION SUR LE LONG TERME

S'il est essentiel que vous puissiez avoir une panoplie d'outils pour entrer dans un état de concentration de qualité lorsque vous en avez besoin, vous pouvez également entamer un processus de fond pour booster votre capacité générale. Voici quelques pistes qui vous permettront de la rendre plus solide (ou moins perméable à la distraction) et plus durable (moins dépendante aux stimulations).

La méditation

Nous vivons dans une société où la réactivité prime. Il n'y a jamais eu tant de moyens pour se déplacer rapidement d'un endroit à un autre. Il n'y a jamais eu autant de technologie pour communiquer instantanément. Paradoxalement, nous semblons toujours manquer de temps[26]. Cette sensation est le résultat d'une projection permanente de notre esprit dans « l'instant d'après ». **Tout ce qui était censé nous permettre de gagner du temps a eu finalement pour effet de condenser encore plus d'activité dans nos journées.** Pour suivre la cadence, l'esprit s'attelle à anticiper tout ce qui pourrait vous arriver. Vous avez le corps dans le présent, mais les pensées dans le futur.

La méditation, particulièrement celle dite « en pleine conscience », permet de revenir à l'instant présent, de recentrer votre attention sur ce que vous êtes en train de vivre et de penser, sur votre environnement. Au-delà d'être un retour au calme, la méditation oblige la pensée à couper toute réactivité. Elle est bénéfique pour l'attention puisqu'elle va l'accompagner sereinement pour l'amener à se contenter de ce qui est. C'est tout. Sans être à l'affût d'une occupation mentale active.

26. Si le rapport au temps, la sensation de manque et cette thématique vous intéressent, je vous invite à lire *Votre temps est infini* et *Votre idée va devenir une réalité*, que j'ai écrits précédemment.

C'est aussi un retour à la matière. Votre corps, que vous en ayez conscience ou pas, vit toujours dans le présent. Si vous avez faim, froid ou mal, le corps est immédiatement affecté et il vous en informe. Les pensées se focalisent sur l'information. Puisque la méditation oblige la pensée à revenir au corps, alors vos pensées reviennent au présent. CQFD.

> Ne craignez pas de consacrer un peu de temps à la méditation dans votre quotidien. Les moyens pour commencer sont nombreux : associations de quartier, livres sur le sujet, applications de méditations guidées, vidéos, etc. Vous n'aurez aucun mal à trouver un point de départ. Ne consommez pas trop d'énergie dans le choix de la méditation ou du support que vous allez utiliser. Le plus important pour commencer, c'est de commencer justement ! Expérimentez avec le moyen qui vous parlera le plus, vous aurez tout le temps de devenir spécialiste du sujet plus tard.

Gérer son carburant interne

Un rappel ne fait jamais de mal, surtout quand il s'agit d'une évidence : **votre cerveau est le moteur, l'attention n'est que l'une des propulsions qui l'entraînent.**

> Sans vous refaire un chapitre sur le sujet, gardez en tête qu'avec une alimentation équilibrée, une bonne hydratation, un sommeil suffisant et de l'activité physique, vous prenez soin de votre cerveau, et par extension de toutes vos capacités cognitives.

La stimulation choisie

> Toutes les stimulations ne sont pas mauvaises pour votre esprit. Vous devez au contraire contenter votre besoin de faire et de découvrir. Pour cela, faites des activités qui vous sortent de votre zone de confort, expérimentez des choses que vous ne faites jamais ou trop peu souvent. Vous pouvez également faire des jeux de société en découvrant régulièrement de nouveaux titres ! J'en faisais mention au début du livre, il existe de nombreux titres qui sont conçus pour jouer seul.

Chaque aventure ludique va vous faire découvrir du matériel, comprendre de nouvelles règles et appliquer de nouvelles stratégies. Vous pouvez aussi faire un *escape game* ou résoudre des énigmes de logique. Les possibilités de variations pour vos ressources cognitives sont quasiment infinies. Si vous ne connaissez pas du tout le milieu du jeu de société, poussez la porte d'une boutique spécialisée (les personnes qui y travaillent sont toujours des passionnés ravis de vous conseiller).

> Prévoyez également de découvrir des lectures que vous n'auriez pas choisies de prime abord. Ouvrez-vous à de nouveaux genres, de nouveaux sujets, de nouveaux auteurs. Tout ce qui est nouveau ou différent est une nourriture plus riche pour votre esprit.

La « sursollicitation » que nous subissons a remplacé les sollicitations que nous devrions choisir nous-mêmes pour nous sentir épanouis. En suivant ces recommandations, vous n'allez pas améliorer que votre attention, **vous allez également renforcer tout votre système cognitif.**

COMMENT BIEN S'ENNUYER

C'est bien sympa de dire qu'il faut se laisser aller à l'ennui, ne pas en avoir peur. Mais personne ne nous a jamais vraiment appris à nous ennuyer correctement. Erik Dane, professeur spécialiste du comportement organisationnel à l'université de Saint-Louis aux États-Unis, a publié en 2021 une étude[27] complétant les dizaines d'autres études neuroscientifiques qui démontrent les bienfaits de l'ennui pour le cerveau. Il y explique que, d'un point de vue biologique ou psychologique, nous ne faisons jamais rien. Nous confondons juste le manque de sollicitations (donc l'état neutre, notre fonctionnement de base) avec l'ennui. Cette étude et d'autres prouvent que l'ennui stimule la créativité et la curiosité. Pendant ce temps libre, le cerveau va explorer des chemins de pensées, va tenter des connexions, va bosser !

Moshe Bar, professeur de neurosciences à l'université Bar-Ilan de Tel-Aviv, a déclaré en parlant de l'ennui : « C'est ainsi que naissent les idées. » Vous ne le savez peut-être pas, mais les idées nouvelles ont un impact très positif sur notre humeur et peuvent aller jusqu'à créer des sentiments de joie. C'est le fameux « Eurêka » libérateur que l'on ressent lorsque l'on trouve enfin la solution à un problème !

> Vous pouvez profiter des opportunités de vous ennuyer qui jalonnent votre journée. Lorsque vous faites la queue dans une file d'attente, dans un trajet en transports en commun, pendant que votre collègue vous raconte son week-end (je plaisante sur ce dernier point, je veux vérifier votre vigilance). Résistez à l'envie de faire quelque chose pour compenser, pour contourner l'ennui.

27. M. Baer, E. Dane, H. Madrid, « Zoning Out or Breaking Through? Linking Daydreaming to Creativity in the Workplace », *Academy of Management Journal*, vol. 64, n° 5, octobre 2021 (DOI : 10.5465/amj.2017.1283).

Vous pouvez également provoquer cet ennui en vous mettant volontairement à faire une activité qui vous demande le moins de concentration et d'effort possible. À titre d'exemples, voici celles que j'affectionne particulièrement :

➡ Faire une marche sans but précis (quoi de mieux qu'une errance physique pour pratiquer l'errance mentale ?).

➡ Faire des Lego (pas un puzzle, qui nécessite de la réflexion et de l'observation).

➡ Équeuter des haricots verts ou éplucher des légumes (et après je peux les cuisiner pour les manger, en plus).

Si vous ne pratiquez pas la méditation, l'errance mentale est ce qui s'en rapproche le plus. Vous vous adonnez à une tâche simple faisant fonctionner un peu votre corps (pour ne pas créer d'impatience). Votre esprit profitera de cet ennui salvateur.

COMMENT UTILISER LE *FLOW*

En 1975, Mihály Csíkszentmihályi (un psychologue hongrois et américain) a élaboré le concept du *flow*, un terme anglais pour dire « le flux ». Ce *flow* auquel il fait référence se fait aussi appeler « l'expérience optimale ». Pour Mihály Csíkszentmihályi, le *flow* est l'état mental que nous vivons et que nous ressentons lorsque nous sommes plongés à 100 % dans ce que nous sommes en train de faire. Une concentration maximale, qui ne nécessite plus qu'on la protège ou qu'on fasse d'effort pour la maintenir tellement elle est posée sur nous comme un couvercle sur sa casserole. Lorsque nous sommes dans cet état, nous ressentons parfois un sentiment de plénitude. Nous sommes un peu en dehors du temps, avec une réelle sensation d'accomplissement (surtout quand on sort de cette torpeur et que l'on constate que l'on était dans le *flow*).

Ça vous est sûrement déjà arrivé en essayant de faire tenir en équilibre quelque chose, par exemple, ou en faisant une action minutieuse, mais futile. Un autre exemple : si vous mettez de l'essence à la station-service et que vous essayez de terminer sur un compte rond au compteur de paiement (alors que l'importance de cet objectif est assez relative).

En essayant de provoquer vous-même des états de *flow*, vous consoliderez votre attention durablement. Voici les trois points à respecter pour basculer dans cet état si agréable :

1. Avoir un objectif clair et précis en tête en accomplissant votre tâche, comme nous l'avons vu en amont.

2. Avoir mis en place un retour immédiat générant une satisfaction sincère.

3. La tâche que vous allez réaliser, ou la manière dont vous allez la réaliser, doit vous être un peu inconfortable. Si vous êtes en plein dans votre domaine de compétence, alors votre attention partira voir ailleurs. Si la difficulté est trop importante, vous allez ressentir un stress en conséquence. Il faut donc que la tâche ne soit pas simple, mais faisable.

Observons ces trois points sous le prisme de l'essence que l'on veut mettre en terminant à 30,00 € précisément :

1. L'objectif est défini et clair : vous voulez mettre de l'essence dans la voiture. Ça n'est pas très stimulant, mais c'est limpide.

2. Vous savez qu'en réussissant en plus à faire un résultat rond, vous serez content et fier de vous. Étonnant, non ? Pourtant nous connaissons tous ce genre de satisfactions futiles.

3. C'est tout à fait faisable en étant concentré, mais le moindre geste brusque complique la tâche. Il faudra terminer par des petits coups sur la gâchette très précis. C'est réalisable : ni trop facile ni trop compliqué.

Atteindre le *flow* ne demande pas plus de travail. Alors pourquoi ne pas essayer dès aujourd'hui d'atteindre volontairement cet état agréable et bénéfique pour votre attention ?

COMMENT STIMULER L'ATTENTION DES AUTRES

Permettez-moi de manipuler votre attention une petite seconde : avez-vous remarqué que les chapitres de cette partie sont courts ? Même le premier était divisé en plein de rapides sous-chapitres. En effet, après la conclusion de la troisième partie, je me devais de faire rebondir votre attention sur un rythme régulier. En cas d'effet tunnel, vous auriez pu refermer le livre et ne plus trouver la motivation de lire les dizaines de pages qui vous restent.

Maintenant que vous en savez plus sur l'attention, vous avez aussi le pouvoir de mieux stimuler l'attention des personnes à qui vous vous adressez. Et Peter Parker lui-même le sait : « Un grand pouvoir implique de grandes responsabilités. » Il n'y a pas de formule toute faite pour aider des personnes à être concentrées ou attentives. Que l'objet de la concentration soit quelque chose que vous dites ou quelque chose qu'elles doivent faire. Dans ces deux cas, vous pouvez néanmoins être le chef de gare qui dépose des rails pour leur attention. Vous pouvez surveiller les décrochages mentaux des autres, leur en faire prendre conscience et les accompagner avec les outils que nous avons vus au début de cette partie.

Je peux partager avec vous mon expérience dans la gestion des autres. Je pratique sur scène des spectacles depuis longtemps, sans parler des conférences. Dans ces spectacles, je dois rendre attentives (et satisfaites) jusqu'à 5 000 personnes, sans pause, durant deux heures. Je réalise également des vidéos sur Internet depuis sept ans en essayant d'apporter quelque chose d'un peu plus dense que de simples divertissements.

Ce que mon expérience m'a appris (et ce sur quoi je vous recommande de miser) est le rythme que vous allez donner. Il ne faut pas confondre rythme et précipitation. J'entends par « rythme » le fait de donner un tempo, de le faire varier, d'y mettre des ruptures et de la couleur. De générer du repos pour le système cognitif de l'autre lorsque c'est nécessaire. En gros, de ne pas miser sur l'intérêt intrinsèque de ce que vous proposez, ça ne suffira pas.

Au début de l'ouvrage, je vous parlais brièvement d'un chef d'entreprise que j'ai vu endormir une salle entière. Il a supposé avoir l'écoute de ses collaborateurs par sa seule autorité hiérarchique. Mais il n'a pas atteint sa cible. Il aurait dû écrire un discours rythmé, répéter son texte et ses déplacements sur la scène. Il aurait aussi pu se faire coacher une heure ou deux par un comédien ou par un spécialiste de la prise de parole. À aucun moment il n'a posé de question au public, ç'aurait été un bon moyen de créer un moment différent. En résumé, l'inattention de l'audience était aussi de la responsabilité de ce chef d'entreprise.

J'ai la réputation, et j'en suis fier, d'avoir une exigence exagérée quant au rythme de mes prestations. Je pense que cette exigence explique en grande partie la qualité d'écoute que je peux obtenir en retour.

LES PRODUITS POUR AIDER

Nous ne pouvons pas terminer cette partie sans aborder les aides extérieures pouvant améliorer notre attention. Café, compléments alimentaires spécifiques, stimulations cérébrales… Faut-il utiliser ces solutions proposées à la vente ?

Le café

La star des boissons peut-elle favoriser notre concentration et nous aider à placer notre attention là où on le souhaite ? Beaucoup de personnes boivent du café, parfois pour le goût, souvent par habitude, et régulièrement avec un discours sur l'éveil et la concentration. Que dit la science de tout ça ? En 2021, l'université d'Édimbourg a publié les résultats du Dr Renata Riha, spécialisée dans l'étude du sommeil. Boire du café tôt dans la journée semble accroître les états d'alerte (la vigilance) et aiderait à maintenir la concentration à un niveau supérieur à la normale. Ces résultats sont d'autant plus vrais si la personne n'a pas eu un sommeil de qualité ou si ses cycles de sommeil ont été perturbés. Donc le café est bien l'allié des mauvais dormeurs puisqu'il va diminuer les faiblesses cognitives liées au manque de sommeil. L'étude a concentré ses efforts sur des personnes qui dormaient trop peu et a révélé qu'il était recommandé de consommer l'équivalent de trois tasses de café – en début de journée – pour booster la mémoire de travail, la vigilance, la concentration, la précision et la lucidité.

L'Inserm a publié un an plus tard un papier très intéressant[28] sur les effets à long terme de la caféine sur le cerveau. La caféine laisse des traces dans la région de l'hippocampe – pas l'extraordinaire mini-cheval vivant sous l'eau, mais bien l'endroit du cerveau où siège la mémoire. La caféine aurait donc des vertus aidant l'apprentissage en agissant directement sur le système mémoriel.

Mais (ne croyez pas qu'il n'y aurait pas de « mais ») tout le monde semble oublier les travaux de 2017 des chercheurs de l'hôpital universitaire américain Johns-Hopkins qui, si on les associe à ceux de l'université de Carnegie-Mellon de Pittsburgh, nous sensibilisent sur le fait que si la caféine peut être parfois une béquille sur le court terme, elle peut aussi être néfaste dans le temps. Boire du café provoque une hausse de l'adrénaline dans notre sang (pour une fois qu'on ne parle pas de dopamine dans ce livre !). Dans les faits, les émotions vont prendre le dessus sur les prises de décisions rationnelles. On est « excité » et on peut s'énerver beaucoup plus rapidement. La tension augmente et la respiration s'accélère, mais pour des bouffées d'air superficielles. Le cerveau est moins oxygéné et, par conséquent, on « pense » moins bien.

28. « Caféine : des effets à long terme sur les cellules du cerveau », mis en ligne le 13 juin 2022 sur le site de l'Inserm, www.inserm.fr.

Comme beaucoup des substances spéciales que l'on peut trouver dans la nature, la consommation régulière ou abusive peut entraîner de la dépendance. Une consommation régulière de café provoque une sorte d'addiction. Réduire votre consommation vous fera ressentir un état de manque (sueurs, angoisses, etc.), si bien que les chercheurs de Johns-Hopkins recommandent d'aller consulter un médecin si on souhaite changer ses habitudes de consommation de café, comme pour n'importe quelle dépendance.

> Retenez que la caféine peut s'avérer être une alliée temporaire lorsque vous avez de mauvaises nuits, mais que plus vous en prenez fréquemment, plus vous subirez une forme d'accoutumance qui affectera votre attention et qui fatiguera votre corps. À forte dose, le café affecte également le rythme cardiaque.

Les compléments alimentaires

Lorsque les compléments alimentaires pour améliorer temporairement les compétences cérébrales ont vu le jour, j'avais l'impression d'être dans le futur. Une pastille qui me donne plus de mémoire ? une gélule qui me permet de rester concentré des heures ? j'achète ! Si mes performances cognitives pouvaient être améliorées par des compléments autorisés, pourquoi m'en priver ?

On retrouve généralement les mêmes ingrédients dans toutes les gélules : de la caféine, des oméga-3, des vitamines (C, B6, B12, B9, etc.), diverses plantes (sauge, guarana, ginkgo biloba), etc. En théorie, toutes ces substances ont bien de réelles vertus sur notre corps et sur notre esprit. Sachez tout d'abord qu'une alimentation normale vous donnera tous les apports contenus dans les compléments alimentaires spécialisés dans l'attention, la mémoire ou la concentration. Les pistaches ou les noisettes ne sont pas vendues avec une étiquette « Contient de l'oméga-3, idéal pour le développement cérébral », mais le fait est qu'elles en contiennent, tout comme les poissons gras tels que le saumon ou le maquereau.

Vous l'aurez sûrement compris, les études tendent à dire qu'il n'y a pas de nécessité à prendre ce genre de produits. Beaucoup d'entre eux contiennent des additifs, par exemple pour masquer le goût du poisson (souvent le véhicule utilisé pour l'apport en oméga-3). Un grand nombre de plantes proposées n'ont jamais démontré une quelconque interaction avec nos capacités cognitives. Plus important encore, comme l'a rappelé en 2019 un dossier du magazine *60 Millions de consommateurs*, le ginkgo biloba (la star des ingrédients pour ce genre de compléments) n'a pas non plus démontré une réelle action sur les capacités cognitives. En revanche, ce produit a la fâcheuse tendance d'avoir une interaction négative sur les traitements anticoagulants.

> Si vous voulez utiliser l'alimentation pour améliorer votre attention, je vous recommande simplement de bien vous hydrater et de manger équilibré. Votre cerveau est un organe comme un autre, ce qui est bon pour votre corps lui profite tout autant.

La stimulation cérébrale

Allons-nous devenir comme les rats dont nous parlions dans la première partie ? Avec une électrode dans le crâne pour stimuler les bonnes parties de notre cerveau ? Ce n'est pas tout à fait le projet, mais ce dont je vais parler ici est très sérieux. De nombreuses personnes cherchent comment stimuler nos fonctions cognitives de manière plus ou moins invasive. Elon Musk est sur le coup avec un implant cérébral en cours de développement par sa société Neuralink, c'est un bon exemple de technologie invasive puisqu'il faut le positionner à l'intérieur de notre corps. Avec les potentiels risques qui vont avec. D'autres personnes sont à la recherche de solutions plus « douces » à l'aide d'électrodes ou de casques à poser sur le crâne pour y envoyer un courant électrique maîtrisé.

Juste avant l'été 2023, en mai, est parue une méta-analyse[29] produite par des chercheurs de l'université de Boston. Une méta-analyse est – tenez-vous bien à la rampe pour ne pas tomber – une analyse des différentes analyses faites sur une thématique précise, ici : la stimulation cérébrale transcrânienne. Selon cette étude, regroupant presque 3 000 participants, les effets seraient significatifs pour l'attention, la mémoire à court terme et le raisonnement. Autre fait intéressant, il semblerait que les effets positifs soient durables (*a minima* dans le court terme) puisque les capacités des participants semblaient encore plus efficaces après la stimulation électrique que pendant celle-ci.

Il est important de souligner que les auteurs de cette méta-analyse ont tenu à préciser que la pertinence des résultats est à prendre avec des pincettes puisque la plupart des études qu'ils ont analysées n'étaient pas faites sous la forme d'essais randomisés contrôlés. En gros, on ne peut pas être assuré que les résultats soient issus d'un processus scientifique rigoureux.

Mais alors pourquoi vous parler de cette technologie ? La réponse conclura cette partie. Je ne vous invite pas à vous gaver de café, je ne vous recommande pas de prendre des compléments alimentaires, je n'ai pas vraiment envie que vous alliez vous mettre de l'électricité dans le cuir chevelu. En listant ces quelques exemples, je voulais vous démontrer qu'il y avait souvent des risques pour un niveau d'efficacité qui n'est pas vraiment démontré.

---

29. S. Rover *et al.*, « A meta-analysis suggests that tACS improves cognition in healthy, aging, and psychiatric populations », *Science Translational Medicine*, vol. 15, n° 697, mai 2023 (DOI: 10.1126/scitranslmed.abo2044).

En conclusion

Je ne crois pas qu'il soit nécessaire de vouloir trouver un remède externe pour récupérer sa pleine capacité d'attention. **Je suis persuadé qu'une bonne connaissance de soi, une vraie compréhension du processus de l'attention, une sensibilisation aux pièges du quotidien et quelques astuces quotidiennes suffisent.** Et c'est exactement ce que vous venez de trouver dans ce livre. Avec votre implication, vous vous passerez de gélules, de plantes spécifiques et de prises électriques.

Nous n'avons pas terminé de voir fleurir des produits miracles censés améliorer notre attention sans effort de notre part. Car plus le problème de l'attention (provoqué par le commerce de l'attention) sera mis en lumière, plus un commerce de solutions cherchera à prendre une grande place dans ce marché.

Il y a quelque chose de fascinant avec le commerce. Quand un système rentable commence à devenir un eldorado, sa croissance augmente de manière exponentielle. Tout le monde s'y met, on presse le citron comme s'il allait toujours en sortir quelque chose.

Le cerveau humain réfléchit de façon linéaire, mais ne sait pas percevoir ce qui est exponentiel. C'est tellement fascinant que nous allons observer ce phénomène (hop ! encore une stimulation pour votre cerveau).

Prenez une feuille de papier devant vous. Si vous la pliez en deux, puis encore en deux, son épaisseur aura augmenté. Pour être précis l'épaisseur sera quatre fois plus grande puisque quatre bouts de feuille se superposent. Posez cette feuille près de vous, on va y revenir dans quelques minutes (même si je sais que vous n'avez pas pris de feuille quand je vous l'ai demandé, d'ailleurs).

L'HISTOIRE DE SISSA

Il y a trois mille ans, en Inde, vivait un roi qui s'ennuyait. Plus rien ne le stimulait. Peut-être que l'opulence et la possibilité de tout avoir avaient aussi déréglé son attention et son circuit de la récompense. Il promit une récompense à quiconque serait capable de le divertir. La personne qui arriverait à le sortir durablement de son ennui permanent pourrait lui demander ce qu'elle voudrait. Tout le royaume se mit à se creuser les méninges pour satisfaire son roi, mais surtout pour recevoir la récompense qui pourrait changer la vie de toute leur lignée. Des dizaines d'artistes, de conteurs, de dompteurs, de danseurs et de danseuses tentèrent leur chance, en vain.

Le grand vizir, Sissa ben Dahir, travaillait dans son coin sur un projet ambitieux. Il partit à la rencontre de son roi qui lui demanda quel était son talent. « Aucun, répondit Sissa, mais je saurai vous divertir pour toutes les lunes à venir. »

« J'aimerais savoir comment ! » lui répondit le roi. Sissa sortit une planche de bois divisée en 64 cases : 32 de la couleur du bois qui alternaient avec 32 cases noircies par une brûlure habilement exécutée. D'un pochon de tissu, il sortit 32 pièces de bois qu'il éparpilla. Certaines en bois brut et d'autres noircies par le même procédé. Sissa expliqua à son roi les règles du jeu, celui que l'on appelle aujourd'hui le « jeu d'échecs » (dont Sissa est le supposé inventeur). Le roi et Sissa firent une partie, une longue partie. À l'issue de celle-ci, le roi voulut rejouer immédiatement. Pendant des jours et des nuits, les parties se succédèrent. Le roi ne se lassait jamais de tenter de nouvelles approches, de nouvelles stratégies. Une guerre entière sur une simple planche de bois.

Au bout d'un temps raisonnable, le roi félicita Sissa et lui demanda quelle récompense lui ferait plaisir. « Mon Roi, je ne serais jamais plus heureux que si vous déposiez un grain de blé sur la première case de l'échiquier, puis deux grains sur la deuxième case, quatre grains sur la troisième, huit grains sur la quatrième et ainsi de suite en doublant toujours les grains d'une case à la suivante. »

La légende raconte que la cour se mit à ricaner. Il est fort possible que le roi lui-même ait trouvé stupide la demande de Sissa. Quelques grains de blé, alors qu'il aurait pu demander l'intégralité du trésor royal ?

« Soit. Si c'est tout ce que tu souhaites, Sissa, ta demande est accordée. »

Aucun doute sur ce qu'il s'est passé à l'intérieur du cerveau du souverain. Il a dû envisager les cinq ou six premières cases en se disant : « 1 plus 2 plus 4 plus 8 plus 16 plus 32, etc. On devrait s'en sortir avec quelques sacs tout au plus. » Mais la perception de la croissance exceptionnelle n'est pas programmée dans nos capacités cérébrales. Il est très difficile pour les êtres humains d'imaginer une accélération exponentielle. Finalement, il faut déjà plus de 1 000 grains de blé pour remplir la onzième case ! Plus de 16 000 pour la quinzième case, et enfin il faut réunir 18 446 744 073 709 551 615 grains de blé pour répondre à la demande de Sissa. Si ce chiffre ne vous parle pas (je ne suis pas certain de savoir le prononcer moi-même), dites-vous que mille ans de production annuelle mondiale de blé à notre époque actuelle ne permettraient même pas de satisfaire cette demande très maligne de Sissa (et le résultat peut se lire simplement en arrondissant à « 18 milliards de milliards » ou encore 18 trillions !).

Reprenez votre feuille de papier. Non, n'allez pas en chercher une ! Sauf si vous ne croyez pas ce qui va suivre. Si vous arriviez à plier la feuille sur elle-même plus de six ou sept fois d'affilée, vous seriez fort. Si vous me dites que vous y arrivez huit fois, je dirai que vous êtes un champion ou une championne. Si vous me dites que vous l'avez fait plus de huit fois, alors je dirai que vous me mentez. Encore ce principe de croissance exponentielle ! Votre feuille commence à avoir une certaine épaisseur ! Au point que si vous pouviez la plier sur elle-même 42 fois d'affilée, vous pourriez, en posant votre œuvre perpendiculairement au sol, passer à côté de la Lune avec l'autre bout. La distance de la Terre à la Lune est d'environ 384 400 km. Mais si j'imagine que votre feuille a initialement 1 mm d'épaisseur, alors, au 42e pliage, elle aurait une épaisseur de 439 805 kilomètres ! Au 41e pliage, il vous manquerait encore 160 000 km pour voir si Pierrot pourrait vous prêter sa plume ; un pliage de plus et vous dépasseriez l'astre de 60 000 km. Il n'y a pas de juste milieu avec l'exponentiel.

L'être humain pense de façon linéaire, mais agit de façon exponentielle, surtout lorsque **de l'argent est en jeu. C'est pour cette raison que le commerce de l'attention s'est tant développé.** L'industrie n'arrive pas à se contenter de ses bénéfices, elle veut faire mieux, elle veut faire plus. Et s'il y a un désagrément pour y arriver (au hasard, altérer l'attention des gens), alors ce désagrément va s'amplifier de façon exponentielle également.

La mauvaise nouvelle c'est que, quand un commerce engendre des effets secondaires néfastes, alors un autre marché lucratif ne tarde pas à apparaître : celui qui vend les solutions aux effets secondaires néfastes.

Attendez, je réfléchis une seconde… oui, vous avez raison ! ce livre fait partie de ce commerce. Il veut être une réponse au commerce de l'attention et à ses conséquences, mais il est vendu et génère une partie de mon salaire grâce aux droits d'auteur. Il va aussi payer une partie du salaire de mon éditrice, il va permettre de rémunérer la graphiste, l'imprimeur, le transporteur, mais aussi le libraire qui vous aura vendu le livre. Bref, de l'argent va circuler entre vous, la vingtaine de personnes impliquées dans le fait que ce livre se trouve dans vos mains, et l'État (qui prendra sa part du gâteau). L'autocritique étant faite, terminons en énumérant ce qui pourrait nous aider à identifier les aides ou les solutions que vous pourriez acheter.

Voici deux critères qui vont vous servir à évaluer l'intérêt ou non des produits proposés pour optimiser votre attention et votre concentration :

- que les solutions soient concrètes et basées sur des faits scientifiques, qui ne sont pas des avis, mais qui font partie d'une réalité tangible ;

- que la solution ne soit pas un simple sparadrap – un pansement résout le problème un certain temps et doit être renouvelé. (*Finalement, si vous achetez ce livre plusieurs fois d'affilée, il n'agira pas plus fort pour améliorer votre attention…*)

CONCLUSION

ENCORE UNE MINUTE

Je termine ce livre le sourire aux lèvres, car je sais que vous l'avez lu en entier. Certains passages ont été plus survolés que d'autres, mais vous êtes allé au bout de votre intention. Celle de lire un livre en entier. C'est ça qui me rend si heureux (et fier de vous, je dois l'avouer).

Pour certaines personnes, ce n'était qu'un simple livre. Mais, pour d'autres, ça sera peut-être la première fois depuis longtemps qu'elles en lisent un du début à la fin. Une partie d'entre vous ne se pensait peut-être plus capable d'avoir cette patience et cette compétence. Une autre partie encore a peut-être lu son premier livre depuis toujours (en dehors d'une lecture imposée à l'école). Félicitez-vous de ce petit marathon de concentration !

Chacun saura trouver son succès pour avoir franchi cette première marche dans la récupération de cette précieuse capacité.

Et mon succès à moi ? Ça sera tout simplement le vôtre. Chacun de vos témoignages sera la confirmation que rien n'est trop tard et que nous pouvons rendre ses lettres de noblesse à l'attention.

Merci pour votre confiance.

Fabien Olicard

Composition et mise en pages
Nord Compo à Villeneuve-d'Ascq

Pour plus d'information :

#lisez! engagé
www.lisez.com

Imprimé sur du papier issu
de forêts gérées durablement.

POCKET - 92, avenue de France, 75013 Paris
S35003/01

Achevé d'imprimer en Espagne par Macrolibros en Octobre 2025